직접적인 길

직접적인 길

아디야샨티 지음
이창엽, 김윤 옮김

깨어남을 위한 30가지 실습

침묵의 향기

차례

머리말

'직접적인 길' 실습에 오신 여러분을 환영합니다! 나의 영적 가르침에 익숙한 사람들은 내가 이 실습을 '해탈의 길'이라고 부른다는 것을 알 것입니다. 이 책에서는 '직접적인 길'이라는 일련의 새로운 가르침을 소개하는데, 이 길은 명상적 영성 실습을 하는 역동적 방법입니다. 이것은 가장 근본적이고 간결하고 집중적이고 즉각적인 형식의 '해탈의 길' 가르침이며, 깨달음 혹은 깨어남 자체의 활동입니다.

이 가르침은 직관적, 체험적 접근으로만 실습할 수 있다는 의미에서 '직접적'입니다. 이 가르침에서 나는 점진적 발전이라는 더 익숙한 방법을 통하지 않고, '관점' 자체를 활용하는 깨달음 혹은 깨어남(깨달은 관점)을 제시합니다. 에고는 자기의 노력으로 이 가르침을 실천하려 '애쓰지' 않아야 합니다. 이 가르침은 에고적인 마음보다 늘 그리고 이미 먼저 있는 의식 상태에서만 실습할 수 있습니다. 우리는 이 먼저 있는 의식 상태로 이완하여 들어갈 수 있을 뿐이며, 에고중심적 노력이나 영리한 마음으로는 이 상태를 붙잡을 수 없습니다.

예를 들어, 늘 그리고 이미 평화롭고 고요하고 아는 의식 상태가 있는데, 그것은 당신의 경험에서 바로 지금 현존하며, 이 상태를 찾거나 이루려는 시도보다 먼저 있습니다.[1] 어떤 형태의 추구나 정신적 노력으로 그 상태를 이루려고 애쓰는 대신, 늘 배경에 있는 고요와 깨어 있음을 알아차리십시오. 그것은 당신이 찾으려 하기 전에 경험 속에 이미 현존합니다. '직접적인 길' 가르침은 그런 의식 상태를 활용할 뿐만 아니라 그 온전한 잠재력으로, 완전히 실현된 상태로 깨어나게 합니다.

결실을 보려면 '직접적인 길' 가르침을 성실하고 정직하게 스스로 실천해야 합니다. 그런 면에서 이런 직접적인 형태의 가르침을 이용하려면 깊이 진실하고 성숙해야 합니다. 이 가르침은 학생 위주도 아니고 선생 위주도 아니며 경험에 집중합니다. 역설적이게도, 모든 '해탈의 길' 가르침 중에서 이런 가르침이 가장 오용되기 쉽습니다. 그러므로 이 가르침을 실습하려면, 무엇을 얻으려는 생

---

1 그런 시도가 있든 없든 늘 현존하므로 그런 시도가 있기 전에 이미 존재한다.—옮긴이

각이나 에고중심적 동기 없이, 진실을 밝히고 모든 존재를 이롭게 하기 위해 가장 깊은 정직함과 진심으로 헌신하기를 권합니다.

이 가르침은 읽고 공부하거나 관념적으로 이해하기 위한 것이 아니라, 날마다 하나씩 실천하기 위한 것입니다. 이것은 자기 존재의 가장 깊은 침묵 속에서 체험되어야 합니다. '직접적인 길' 가르침에는 각 실습에서 설명된 것 이상의 방법론이 없습니다. 각 가르침은 경험 속의 특정한 존재 상태 혹은 의식 상태로 당신을 직접 깨어나게 하는 수단입니다. 그러므로 우리는 이 실습을, 마음이 그것을 이해하는 법을 찾으려 하기 전에, 직관적으로만 파악하고 따를 수 있습니다.

'직접적인 길'을 따를 때는 관념적 마음에 관심을 두지 말고, 직관적인 열린 마음 상태로 쉬는 데 관심을 두어야 합니다. 각 가르침은 경험 속에서 깨우치고 실현될 때까지 하나씩 명상하기 위한 것입니다. 마음이 끌리거나 꼭 하고 싶은 실습이 있다면 그것에 비중을 더 두십시오. 각 실습은 필요하다고 느끼는 만큼 충분히 오래 할 수 있으며, 한 가지 실습만을 하루, 일주일, 한 달, 심지어 한 해까지도 마음껏 계속할 수 있습니다. 실습을 얼마나 많이 하느냐보다 얼마나 깊은 통찰을 얻느냐가 훨씬 중요합니다.

영적 깨어남이란 한밤중에 꿈에서 깨는 것처럼 느껴지고 경험되는 체험적 통찰입니다. 그것은 분리된 '나'와 그런 '나'가 삶을 경험하는 방식이라는 꿈으로부터 모든 곳에 두루 있는 존재의 현실, 어떤 분리도 없는 현실로 깨어나는 경험입니다. 이 깨어남은 삶에서 도피하는 것이 아니며, 자기 자신이나 세상을 거부하는 것도 아닙니다. 그것은 존재(자기의 존재와 모든 것의 존재)의 진실을 받아들이는 것입니다.

존재(Being)란 무엇일까요? 나는 깨어난 관점에서 지각되는, 당신과 모든 있는 것의 실제 본성을 가리키기 위해 존재라는 단어를 사용합니다. 존재와 같은 의미로 볼 수 있는 말들은 도(道), 무한, 실재, 절대, 본체(noumena), 공(空), 신성, 순수 의식, (제한되고 관습적인 의미가 아닌) 앎, 그리고 아마도 영(靈) 등입니다. 존재의 본성은 개념적으로 전부 설명하거나 이해할 수 없다는 점을 잊지 말아야 합니다. 그것은 경험으로만 이해할 수 있습니다. 그러므로 우리가 이 가르침을 따를 때는 존재가 무엇인지를 개념적으로 이해하려 하지 않을 것입니다. 왜냐하면 존재는 무엇 혹은 사물이 아니고, 깨달음 자체의 온전히 깨어난 관점과 상태이기 때문입니다.

영적 깨어남은 얕을 수도 있고 깊을 수도 있으며, 지속될 수도 있고 지속되지 않을 수도 있습니다. 대개는 더 근본적이고 지속적인 깨어남이 일어나기 전에, 깨달은 관점을 잠시 조금 보거나 맛보게 됩니다. (그것만으로도 다양한 정도로 삶이 변화될 수 있으므로 무시하거나 과소평가하지는 말아야 합니다.) 그리고 깨어남은 영적 탐구의 끝을 의미한다고 보는 견해가 있지만, 실제로는 끊임없이 추구하는 자의 끝이고, 깨어난 실재의 무한한 본성에 대한 탐구의 시작이며, (인간의 몸이라는 귀중한 탈것을 통해) 일상생활이라는 쉽지 않은 영역에서 깨어난 실재를 체현하는 끝없는 여정의 시작입니다.

'직접적인 길' 실습은 참된 자기로 깨어나도록 가장 잘 돕기 위해 그날그날 할 수 있는 한 가지 일에 전념하는 것입니다. 명상할 때나 하루 중 조용하고 방해받지 않을 때 각 실습을 조용히 묵상할 수 있습니다. 이 실습에서 도전 과제는 각 실습을 할 때 매우 끈기 있게 계속 전념해야 한다는 것입니다. '직접적인 길'을 실습할 때는 늘 다음의 말을 명심하기 바랍니다. "단순하게, 편안히 이완하며, 꾸준히 하십시오."

영적 깨어남의 온전한 본성을 더 잘 이해하고 실습하도록, '직접적인 길'에서는 깨어난 관점을 3가지 작은 통찰의 도약으로 나눕니다. 이 도약들 각각은 그 자체로 삶을 심오하게 변형시키는 깨달음입니다.

1. **깨어난 앎**: 앎의 형상 없는 존재로 깨어남

2. **깨어난 가슴**: 모든 현상의 하나임과 몸으로 깨어남

3. **깨어난 존재의 바탕**: 신(神)적 존재의 바탕으로 깨어남

우리가 충분히 깊이 꿰뚫어 본다면, 이 3가지 근본적 측면에는 깨어난 관점이 모두 담겨 있습니다. 깊고 철저한 깨어남에는 3가지 측면이 동시에 존재하므로, 이 책의 마지막 장에서는 '직접적인 길'의 여러 측면을 통합하여 깨어난 관점을 일상생활로 가져옵니다.

이 책에서는 장마다 깨어난 상태를 직접 경험해 보도록 고안된 단순하고 집중된 영적 실습을 제시합니다. 이 실습은 명상할 때나 일상생활에서 방해받지 않을 때 언제든 할 수 있습니다. 조용히 명상하거나 묵상할 때, 혹은 산책하거나 혼자 있을 때처럼 하루 중 산만하지 않을 때마다 매일 실습하기를 권합니다. 이 실습은 긴 명상의 주제로도 이용할 수 있지만, 여기서는 짧은 영적 실습을 하루에 여러 번 반복하는 방식을 강조할 것입니다. 각 실습에 관해 읽은 뒤 바로 그 실습을 해 보고, 다음에는 그 실습을 기억하여 적어도 하루에 서너 번 반복해서 실습해 보며, 필요하면 책에서 그 부분을 다시 읽어 보십시오. 이렇게 실습을 반복하면 그

실습이 자신의 직접 경험에 불러일으키는 것을 더 깊이 깨닫고 이해하게 될 것입니다.

이 실습의 좋은 점은 특별한 환경이나 믿음 체계, 분위기가 필요하지 않다는 것입니다. 이 실습은 진지한 호기심, 단순하고 집중적인 방식으로 꾸준히 실천하려는 의지만 있으면 효과를 볼 수 있습니다. 하지만 차를 운전할 때나 위험성이 있는 일을 할 때는 하지 않도록 주의하고, 방해받지 않는 시간과 공간의 여유가 있을 때만 하십시오.

이 짧은 영적 실습들 혹은 조언들은 직관적 통찰을 불러일으키기 위한 것입니다. 여기서는 어떤 일을 일으키려 하거나 철학적으로 깊이 생각하지 말고, 직접 경험과 자연스러운 앎에 주의를 기울여야 합니다. 직접 경험에 계속 주의를 기울이면서 실습하십시오. 실습할 때 아무 일도 일어나지 않고 실습으로 인해 혼란스러움을 느껴도 어떤 일이 일어나게 '하려 하지' 마십시오. 여기서 핵심은 애쓰지 않는 것입니다. 그 실습이 당신 안에서 아무것도 불러일으키지 않으면, 그날 다른 때나 다음 날 다시 실습해 보십시오. 그리고 모든 실습이 효과가 있기를 기대하지 마십시오.

내가 실습마다 방향을 바꾸는 이유는 어느 실습이 자신에게 효과가 없거나 반향을 일으키지 않을 때, 사용하는 말이나 접근법을 조금 바꾸면 더 효과적일 수 있기 때문입니다. 각 실습을 경험에 의한 직관적 실험으로 여기면서, 되도록 단순하고 정직하며 열린 태도로 실습하십시오. 이 실습을 할 때는 애쓰거나 너무 노력하거나 서두르지 마십시오. 그보다는 실습을 즐기고, 실습이 이끄는 대로 자기 존재의 신비와 경이로움 속으로 들어가십시오. 이것은 자기 내면을 탐험하는 흥미진진한 모험입니다!

'직접적인 길' 가르침에서 내가 묘사하는 말들은 여과되지 않은 내면의 경험과 지각을 불러일으키려는 것임을 잊지 마십시오. 그런 설명을 문자적 의미나 영적 철학 혹은 형이상학적 추론으로(때로는 그런 말처럼 보일 수 있겠지만) 받아들이지는 말기 바랍니다. 여기서 사용하는 언어는, 궁극적으로 모든 경험이 그렇듯이, 관념과 언어의 한계를 완전히 넘어서는 깨달음의 경험과 관점을 가리키고 전하기 위한 것입니다. 깨달음은 일시적인 사건이나 철학, 신학이 아니라는 점을 이해하는 것이 중요합니다. 그렇지만 깨달음은 한번 경험되면 경험한 사람의 생각과 이해에 분명한 영향을 미칩니다.

깨달음은 삶을 보고 경험하는 방식이라는 것을 기억하십시오. 이 실습들은 진실, 사랑, 지혜에 대한 포괄적 헌신의 일부(그렇지만 강력하고 중요한 일부)인데, 이 헌신은 모든 존재의 행복을 위해 사심 없이 전념하는 도덕적, 윤리적 태도에 바탕을 두고, 존재의 거대한 신비에 감사하는 정신으로 행합니다.

아디야샨티
캘리포니아 주 로스 가토스
2020년 11월

15

1부

깨어난 앎:
앎의 형상 없는 존재로 깨어나기

깨어난 앎 실습은 관념적 마음, 특히 우리가 자기라고 상상하는 거짓 자아 즉 에고와의 동일시를 끝내는 데 중점을 둡니다. 에고를 '거짓 자아'라고 부르는 것은 에고를 폄하하거나 비난하는 것이 아니라, 에고의 정체(우리가 지나치게 동일시하게 된 심리 과정)에 알맞은 이름으로 부르는 것입니다. 거짓 자아는 지속하는 성질이 없습니다. 그것은 어떤 것이 아니고, 명사도 아니며, 개인도 아닙니다. 우리가 자기 자신이라고 오해하는 심리적 과정일 뿐입니다.

나는 종종 거짓 자아를 생각이 만들어 낸 자아 혹은 심리적 자아라고 부릅니다. 거짓 자아는 우리가 무의식적으로 살아갈 때 자라고 번성합니다. 우리는 존재에 대해 잠들어 있을 때 마음에 주의를 빼앗깁니다. 우리가 자기라고 믿도록 길들여진 다양한 관념, 이미지, 믿음, 습관, 견해, 판단에 주의를 빼앗기는 것입니다. 하지만 이것들은 우리 자신이 아니며, 우리 자신인 척 가장하는 조건 지어진 심리 과정입니다. 기억하세요, 당신은 어떤 생각이나 관념을 자기 자신으로 믿기 훨씬 전부터 존재했습니다. 에고가 생겼을 때 갑자기 존재하게 된 것이 아닙니다. 에고는 기껏해야 우리가 세상에서 살아가도록 한동안 도와주는 기능 수단이고, 최악의 경우에는 너무나 실제처럼 보이는 악몽일 뿐입니다. 어느 쪽이든 우리가 에고를 참된 자기라고 여기는 순간, 에고는 거짓 자아가 됩니다. 우리는 거짓 자아의 망상에서 실제로 깨어나 본래의 정체성을 회복할 수 있는데, 이것은 아주 좋은 소식입니다.

우리는 앎(Awareness)이 늘 그리고 이미 현존함을 인정하는 것으로 시작합니다. 지금 이 글을 읽는다는 것을 아는 이것, 이 글이 무슨 뜻인지 궁금해한다는 것을 아는 이것이 바로 앎입니다. 그런 앎은 평범하고 흔한 것처럼 보이겠지만, 우리 존재의 참된 본성으로 깨어나는 관문입니다. 이 앎은 늘 현존하고, 우리가 생각하거나 상상할 수 있는 것보다 더 본질적으로 자기 자신이므로 간과되기 쉽습니다. 생각에서 한 걸음만 내면으로 물러나, 온갖 정신 활동과 자아상 만들기보다 먼저 있는 자기를 알아차리십시오. 그것은 숨을 내쉬는 것처럼 쉽고, 자기 무형의 현존에 놀라워하는 마음만큼이나 단순합니다.

앎이 자기 안의 내용은 자기 자신이 아님을 문득 깨닫고, 앎 자체가 당신의 본성임을 알아차릴 때, **존재**의 이 측면(앎)으로 깨어나게 됩니다. 다시 말해, 앎은 당신이 행하는 것이 아니라 본질적으로 당신 자신인 것입니다. 그렇다는 것을 직접 경험할 수 있습니다. 당신이 자기라고 생각하고 상상하는 모든 것이 본질적으로 무형의 앎의 장(場)에(그리고 그 안에) 나타나는 마음의 내용이라는 것을 알아차리기 시작하면 그렇게 됩니다. 앎 안의 내용(거짓 자아를 이루는 관념, 판단, 이미지)은 오고 갑니다. 비록 앎의 내용 중 많은 것이 계속 다시 일어나지만, 어느 것도 지속되지 않으며, 어느 것도 당신 자신이 아닙니다. 중요한 것은 이것을 믿는 것이 아니라 명백한 현실로서 경험하고, 당신의 본질적 **존재**의 아는 측면에 본래 내재한 자유로서 경험하는 것입니다.

이제 실습해 봅시다.

● 지금 무슨 경험을 겪든 그 경험 안에서 편히 쉬십시오. 지금 겪는 경험을 바꾸려 하거나, 이 경험을 하는 이유를 이해하

려 하지 마십시오. 현재의 경험도, 이 경험에 관한 모든 생각도 그대로 놓아둡니다.

● 밤에 침대에 누워 몸을 이완하는 듯한 느낌으로 이완하며 앎으로 들어갑니다.

● 생각을 그저 생각으로, 느낌을 느낌으로, 들리는 소리를 소리로, (눈을 뜨고 있다면) 보이는 것을 보이는 것으로 알아차립니다.

● 앎을 이완하여 경험의 내용에 집중하지 않게 하고, 앎 자체의 열린 침묵의 공간으로 서서히 들어갑니다. 이것을 '의식하는 배경'이라고 합시다.

● 앎이 당신의 생각, 느낌, 보이는 모습, 소리를 보고 있음을 알아차리십시오. 앎을 이해하려 하지 마십시오. 당신의 지각과 경험이 이미 앎에게 보이고 있음을 알아차리십시오. 그것을 보는 것은 앎 자체이지, 앎을 소유한 사람, 보는 자가 되려고 시도하는 사람이라는 관념이 아닙니다. 알려고 애쓸 필요가 없습니다. 왜냐하면 앎은 그 안에서 모든 경험이 일어나는 '의식하는 배경'으로서 늘 이미 현존하기 때문입니다.

● 앎은 우리가 보거나 만지거나 맛볼 수 있는 것이 아님을 알아차리십시오. 앎은 보지만, 보이지 않습니다. 앎은 듣지만, 들

리지 않습니다. 앎은 마음의 모든 생각과 이미지를 보지만, 앎은 생각과 이미지가 아닙니다.

● 자기에 관한 당신의 모든 생각, 관념, 판단, 이미지는 앎이라는 '의식하는 배경' 안에서 일어나고 알려짐을 알아차리십시오.

이 실습을 하면 자신에 관한 모든 생각보다 자신에 관해 더 근본적인 것(앎)이 있음을 깨닫는 데 도움이 됩니다. 자신에 관한 생각, 경험, 지각은 끊임없이 생기고 변하고 오고 가지만, 앎은 그대로 남아 있습니다. 앎을 파악하거나 이해하려 애쓰지 말고, 앎이 자신에게 본질적임을 알아차리십시오. 앎은 그 안에서 경험의 내용이 생기고 변하고 사라지는 '의식하는 배경'입니다. 앎 자체는 볼 수 없지만, 당신은 언제나 앎으로부터, 앎으로서 보고 있습니다. 앎의 형상 없는 존재로서 깨어나는 비결은 마음으로 앎을 붙잡으려 하지 않고, 앎 자체의 단순하고 고요하고 열린 직관적 감각으로 이완하여 들어가는 것입니다.

이제 앎이 자기를 의식하게 되고 거짓 자아와의 동일시로부터 깨어날 수 있게 해 주는 7가지 지침과 실습을 시작해 봅시다.

1
앎은 경험의 의식하는 배경이다

'직접적인 길'은 존재의 세 측면인 **앎, 가슴, 존재의 바탕**을 탐구합니다. 여기서 존재란 당신의 존재와 모든 것의 존재입니다. 우리는 깨어난 앎을 실습하는 것으로 시작합니다. 즉, 늘 그리고 이미 있는 앎의 현존을 인정함으로써 마음으로부터, 곧 모든 생각과 만들어지고 유지되는 정체성으로부터 **존재**의 형상 없는 측면으로 깨어나는 것입니다. 앎이 자기 안의 내용은 자기가 아님을 문득 깨닫고 앎 자체를 알아차릴 때, 앎이 우리의 본성임을 알아차릴 때, 존재의 이 측면으로 깨어나게 됩니다. 다시 말해, 앎은 우리가 하는 행위가 아니라 우리 자신입니다.

어떤 경험이든 지금 하는 경험 안에 편히 쉬면서, 그런 경험을 바꾸려 하거나 그런 경험을 하는 이유를 이해하려 하지 마십시오.

일어나는 경험과 생각을 그냥 놓아두십시오. 그리고 생각을 그저 생각으로, 느낌을 느낌으로, 들리는 소리를 소리로, (눈을 뜨고 있다면) 보이는 것을 보이는 것으로 보면서 주의를 둡니다.

그럴 때 앎이 당신의 모든 생각과 감각을 봅니다. 이때도 앎을 분석하거나 이해하려 하지 말고, 앎이 당신의 모든 지각과 경험을 본다는 것을 알아차리십시오. 앎은 보거나 만지거나 맛볼 수 있는 것이 아닙니다. 앎은 보지만, 보이지 않습니다. 앎은 듣지만, 들리지 않습니다. 자기에 관한 모든 생각, 관념, 판단, 이미지는 앎 안에서 일어나고 앎에게 보입니다.

경험의 의식하는 배경 안에서 실습할 때, 자신에 관한 생각보다 자신에 관해 더 근본적인 것(앎)이 있음을 알게 될 것입니다. 당신의 생각, 경험, 지각은 끊임없이 변하지만, 앎은 오고 가지 않는 유일한 것입니다.

실습 1

- 먼저 몸을 이완합니다.
- 주의를 생각과 감정으로부터 호흡의 감각으로 옮깁니다.
- 잠시 호흡과 함께 머무릅니다.

- 의도하거나 노력하지 않아도 당신이 이미 이 순간을 안다는 것을 알아차리십시오.
- 앎이란 경험의 모든 순간을 알아보는 것임을 알아차리십시오.
- 앎이 늘 그리고 이미 작동하고 있다는 사실에 관심을 두십시오. 앎은 보는 '의식하는 배경'이며, 그 안에서 경험의 내용이 오고 갑니다.
- '아는 배경'을 알아차리십시오. 그것을 붙잡거나 이해하려 하지 말고, 인정하십시오. 앎을 더 잘 알게 만들려 할 필요는 없습니다. 앎은 늘 그리고 이미 청정하게 압니다. 앎은 그 안에서 생각과 경험이 나타나는 공간입니다.
- 생각은 오고 가지만 앎은 그대로 남아 있음을 알아차리십시오. 감정은 오고 가지만, 앎은 그대로 남아 있습니다. 감각은 오고 가지만, 앎은 그대로 남아 있습니다. 앎은 그 안에서 모든 현상이 오고 가는 '의식하는 배경'입니다. 자기에 관한 생각, 지나가는 기억, 자기에 관한 판단도 앎의 '의식하는 배경' 안에서 오고 갑니다.
- 이렇게 이완해서 아는 동안, 정신적으로 구성된 모든 정체성과 자기에 관한 생각은 앎의 공간에서 일시적으로 일어나는

것임을 알아차리십시오. 그것은 한순간 여기에 있다가 다음 순간 사라집니다.

● 자기에 관한 이런 일시적인 생각의 너머에 있는 당신 자신은 이미 현존합니다.

● 당신은 늘 여기에 있지만, 자기에 관한 생각보다 훨씬 근본적인 것으로서 있습니다.

2
광대하고 텅 빈 앎의 본성

첫 번째 실습에서는 앎을 (그 안에서 모든 경험의 내용이 오고 가며 그 모든 것을 보는) '의식하는 배경'으로 경험했습니다. 이제는 '보는 앎'의 본성이 광대하고 텅 빈 현존이라는 것을 탐구해 봅니다.

이렇게 하는 동안 우리는 모든 생각, 느낌, 견해, 마음의 이미지를 있는 그대로 놓아둡니다. 그것을 바꾸거나 이해하려 하지 않습니다. 꼬치꼬치 따지는 생각을 내려놓습니다. 잠시 그냥 그대로 놓아둡니다. 그렇게 하면 앎이 당신의 생각, 느낌, 감각을 모두 보고 있음을 깨닫게 될 것입니다. 반드시 잠시라도 이렇게 지켜보는 상태, 보는 상태로 가만히 머물러 보십시오. 그것은 '보는 앎'과 같은 것입니다. 그럴 때 앎은 노력 없이 현존하게 됩니다. 당신은 앎을 만들어 내거나 붙잡거나 일어나게 할 필요가 없습니다. 그저 그 광대하고 텅 빈 본성의 앎에 머무르며 그 앎을 알아차리고 인정하기만 하면 됩니다.

실습 2

● 보는 앎으로서 편히 쉽니다. 그러면서 직관적으로 느껴지는 앎이 늘 이미 광대하고 활짝 열려 있으며 맑고 본래 깨끗함을 알아차립니다.

● 앎을 (그 안에서 생각과 느낌이 오고 가는) 광대하고 활짝 열린 하늘로서 경험합니다. 그 광대하고 열린 하늘 같은 앎의 본성으로서 편히 쉬십시오. 그것은 아무것도 붙잡지 않으면서 모든 것을 내보냅니다.

● 활짝 열린 하늘 같은 앎의 본성에 당신의 마음으로 어떤 이름도 붙이지 마십시오. 그런 이름도 관념일 뿐입니다. 대신에 몸과 주위에서 앎의 열려 있음을 감지하고 느껴 보십시오.

● 오늘, 광대하고 열린 앎을 이렇게 여러 번 느끼면서 편히 쉬십시오. 당신이 존재의 근본적이고 형상 없는 본성 안에 쉬고 있음을, 그것은 저절로 일어나는, 노력 없이 현존하는 앎임을 기억하십시오. 늘 이미 그렇습니다.

3
존재의 현존

앞에서 앎의 광대하고 텅 빈 본성 안에서 편히 쉬었으니, 이제는 '보는 앎'의 다른 측면인 존재의 현존을 탐구해 봅시다. 이를 위해 단순히 앎을 인정하는 것부터 시작합니다. 우리는 모든 지각과 경험이 앎의 장(場) '안에서' 일어난다는 것을 압니다. 앎은 우리의 세계를 밝혀 주고, 우리가 바로 지금 경험하는 것을 의식하게 해 줍니다.

잠시 시간을 내어, 앎이 지금 이 순간의 경험 전체를 의식할 수 있게 해 준다는 것을 알아차리면, 광대하고 활짝 열린 앎의 본성이 그 자체로 현존함을 깨닫게 될 것입니다. 이는 앎이 어떻게 경험되는지를 감지하는 미묘하고 직관적인 감각이 있다는 뜻입니다. 그것은 살아 있다는 미묘한 느낌입니다. 엄밀히 말하면 앎은 하나의 경험이 아니지만, 거친 몸과 미묘한 몸(혹은 에너지 몸)에서 현존의 경험을 불러일으킵니다. 때로는 가슴 센터(heart center)를 통해 앎을 감지할 때 현존을 더 쉽게 느낄 수 있습니다. 잠시 시간을 내어, 앎이 어떻게 존재의 현존을 경험하게 하는지 알아차리면서, 정말 그런지 한번 확인해 보십시오.

실습 3

- 미묘한 현존의 느낌을 알아차리십시오. 현존은 '있다'는 단순한 느낌이고, 앎에 본래 있는 미묘한 빛 혹은 살아 있음입니다.
- 지금 이 순간의 비관념적, 직접적 경험에 더욱 현존할수록 배경에 있는 앎의 현존을 더 잘 알아볼 수 있습니다. 늘 이미 일어나며 열려 있고 광대하고 고요하게 느껴지는 앎의 현존 안에서 잠시 편히 쉽니다.
- 그러는 동안 당신이 미래의 이익을 얻고자 영적 실습을 하는 것이 아님을 기억하십시오. 당신은 그저 자기 참된 존재의 근본적 측면을 알아보기 시작했을 뿐입니다. 당신은 자기를 앎 자체로서 경험하고 있습니다.

4
나(I AM)로 머무르기

오늘 실습에서 우리는 나(I AM) 안에 머무를 것입니다. 생각이 만들어 낸 개인적 정체성 이전에 존재하는 참된 자기 안에서 쉬는 것입니다. 일반적으로 우리는 자기에 관한 생각에 따라 자기를 규정하지만, 생각은 단지 생각에 불과할 뿐입니다. 생각 자체에는 생각이 추상적으로 의미하는 것 이상의 실체가 없습니다. 그러므로 오늘의 실습은 생각이 만들어 낸 모든 거짓 정체성 이전에 존재하는 나(I AM) 안에 머무르는 것입니다. 그것은 '나는 이것이다' 혹은 '나는 저것이다'가 아니라 '나(I AM)'라는 직접 경험입니다.

나(I AM) 뒤에 자기 이름과 자기에 관한 관습적 규정을 붙여서 "나는 아무개다."라고 말해 보십시오. 나의 경우는 "나는 아디야샨티다. 나는 영적 스승이고 저술가다. 나는 아들이고 배우

자다."라고 말하게 될 것입니다. 우리는 이런 식으로 자기를 이름, 개인의 역사와 동일시하는 법을 배웠고, 생각으로 만들어져 자아상을 이루는 다양한 정체성의 혼합과 동일시하는 법을 배웠습니다. 이 자아상은 자기에 대한 부정적인 평가와 긍정적인 평가, 믿음, 견해, 개인사로 만들어집니다. 대개 우리는 생각으로 만들어지고 생각으로 유지되는 이 모든 정체성을 자기 자신으로 여깁니다. 이 실습에서는 그런 정체성 너머를 볼 것입니다.

실습 4

● "나(I AM)."라고 말해 보십시오. "나는 이런 사람이다." 혹은 "나는 저런 사람이다."가 아니라 "나(I AM)."라고 말합니다.

● 나(I AM)를 직접 경험하는 것이 얼마나 평온하고 고요한지 알아차리십시오. 순수한 나(I AM)에는 자아상도 없고, 자기에 대한 평가도 없고, 견해도 없고, 형태도 없음을 알아차리십시오.

● 자아상이나 자기에 대한 평가가 일어날 수 있지만, 그것은 생각이 만들어 낸 것임을 기억하십시오. 마음속에서 조건 지어

진 생각일 뿐입니다. 나는 그것을 생각이 만들어 낸 자아, '거짓 자아' 혹은 '심리적 자아'라고 부릅니다. 왜냐하면 그것은 생각과 기억이 만들어 낸 추상적인 것이기 때문입니다. 단순한 생각 혹은 생각의 집합이 어떻게 당신 자신일 수 있겠습니까?

- 생각이 있든 없든 당신이 존재함을 알아차리십시오. 또 마음이 나(me)-중심적인 생각을 만들어 내지 않을 때도 당신은 계속 존재합니다. 분명히, 당신의 참된 나(I AM), 당신의 참된 존재는 생각 이전에, 그리고 생각을 당신 자신이라고 믿어서 일어나는 느낌 이전에 존재합니다.

- 생각은 생각에 불과함을 알아차리십시오. 생각은 마음이 만들어 낸 추상적이고 일시적인 것일 뿐입니다. 마음이 침묵하는 순간에도 당신은 여전히 존재하지만, 생각으로서 존재하는 것이 아닙니다. 평가받거나 판단받는 사람 혹은 어떤 것으로 존재하는 것이 아닙니다.

- 모든 생각, 에고의 조건화, 추측 이전에 존재하는 이 순수하고 청정하고 말 없는 나(I AM) 느낌 안에 편히 쉬면서, 당신이 생각을 넘어설 때 진정한 나(I AM) 느낌은 앎(이 순간을 보는 앎과 같습니다)의 반영임을 알아차리십시오.

- 나(I AM)라는 직접적인 앎 안에서 편히 쉬십시오.

- 참된 당신은 나(I AM)인 앎입니다.

- 나(I AM)는 앎이 자기를 앎으로서 인식하는 것입니다.

- 이렇게 자기의 참된 존재를 계속 인식하면서 편히 쉬십시오.

5
나(I AM) : 당신의 참된 정체성

'직접적인 길' 실습의 이 지점에서 우리는 **존재**를 나(I AM) − 우리 자신인 형상 없는 앎의 광대하고 텅 빈, 의식하는 현존 − 라는 근본적인 느낌이라고 정의합니다. 이것이 우리 참된 존재의 형상 없는 본성이지만, 우리는 **존재**를 직접 경험해야 합니다. 그래야만 이런 설명을 넘어서, 그것이 가리키는 살아 있는 실재, 즉 우리의 참된 정체성으로 깨어날 수 있습니다.

이 실습에서 가장 중요한 점은 단순하게 꾸준히 실천하는 것임을 기억하십시오. 자기의 참된 정체성을 경험할 때는 수많은 미묘한 관념과 이미지는 제쳐 두고, 오직 직접 경험과 지각에만 주의를 두십시오.

실습 5

● 주의를 마음으로부터 마음 주위의 '아는 공간'으로 돌립니다. 단순히 몸을 이완하고 주의의 초점을 이완하는 것만으로도 그렇게 할 수 있습니다.

● 주의를 이완하면 자연히 주의가 하늘처럼 넓어지고 활짝 열릴 것입니다.

● 의도적인 생각을 모두 내려놓고, 당신의 순수한 나 있음(I AMness)의 광대한 아는 현존이라는 배경으로서 편히 쉬십시오.

● 참된 나(I AM)는 자기를 앎으로서 인식하는 앎임을 기억하십시오. '나는 이것이다' 혹은 '나는 저것이다'가 아니라, 자기를 인식하는 앎인 나(I AM)입니다. 이 청정한 나(I AM)의 단순함을 느껴 보십시오.

● 존재의 이 깊은 수준에서 앎은 조건 지어지지 않은, 고요한, 말 없는 현존임을 알아차리십시오. 당신의 참된 정체성─나(I AM)라는 참된 본성─은 모든 곳에 있습니다. 그것은 '아는 현존'이며, 모든 의식 있는 존재의 '아는 현존'과 같습니다. 당신의 눈을 통해 보고 있는, 당신이 오늘 만나는 모든 사람의 눈을 통해 보고 있는 나 있음(I AMness)인 이 '아는 현존'을 직감할 수 있는지 보십

시오.

● 나 있음(I AMness)의 '아는 현존'으로서 편히 쉬십시오. 그것
이 모든 의식 있는 존재의 진정한 보편적 나(I AM)로 통할 때까
지. 당신은 늘 이미 그것이 아니었습니까?

6
우리의 근본 존재인 앎의
고요하고 아는 성질

이제 우리 존재의 본성으로서 빛나는 앎의 깊은 고요와 아는 성질을 탐구합니다. 이 실습을 할 때는 저절로 일어나는 의도하지 않은 생각은 완전히 내버려 두고, 의도적인 생각은 놓아주는 것으로 시작합니다.

　이 실습에서는 아무것도 이해하거나 일어나게 하려 하지 않는다는 것을 명심하십시오. 그런 노력은 모두 놓아줍니다. 그저 앎 안에서 편히 쉽니다. 그럴 때 앎이 본래 이미 고요함을 알아차리십시오. 그것은 마치 자기를 아는 텅 비고 고요하고 주의를 기울이는 공간으로부터 바라보는 것 같습니다. 앎의 이런 아는 성질은 자기를 자각하는 앎의 본래 의식입니다.

실습 6

● 잠시 주의를 거두어들여, 생각이 오고 가는 고요한 공간을 알아차립니다. 편안하고 이완된 감각에 자리 잡습니다. 저절로 일어나는 호흡의 자연스러운 리듬을 알아차립니다.

● 누구 혹은 무엇이 아는지 예민하게 알아차립니다. '당신'이라는 관념이 아는 게 아니라, 자기가 앎임을 알아보는 앎(당신의 근본 존재)이 안다는 것을 알아차리십시오.

● 생각 밖에는 직접 경험으로 아는 '당신'이 없다는 것을 알아차리십시오. '나'라는 개인은 마음이 추론하는 것에 불과하며, 조건 지어진 그릇된 결론입니다.

● 앎(혹은 존재)은 본래 자기를 인지하며, 자기가 앎임을 알아본다는 것을 알아차리십시오. 당신 자신이 앎임을 알아보는 데 가장 중요한 핵심은 자기를 인지하는 이 앎의 느낌입니다. 자기를 인지하는 앎의 측면이 생각의 꿈을 자기로 여기는 동일시에서 깨어날 때, 당신은 자연히 심리적 자아를 자기로 여기지 않게 되고, 자신이 열려 있고 깨끗한 앎의 공간임을 깨닫습니다. 이것이 깨어난 앎의 본질입니다.

7
존재의 형상 없는 앎으로 머무르기

'직접적인 길'의 첫째 측면(앎의 형상 없는 존재인 우리의 본성으로 깨어남)을 위해서 **앎**과 **존재**라는 말을 서로 바꿔 쓸 수 있습니다. 왜냐하면 우리 **존재**의 진실은 활짝 열린 광대하고 텅 빈 **앎**과 같기 때문입니다. 이는 우리에게 몸과 마음이 있지만 어째서 몸과 마음이 우리의 가장 직접적이고 주관적인 **존재**의 경험이 아닌지를 숙고해 볼 기회입니다. 우리는 마음의 추상적 관념에 집착하고 있음을 간파할 때만 형상 없는 존재인 우리의 본성, 즉 늘 이미 있는 텅 비고 광대한 **앎**의 현존으로 깨어날 수 있습니다.

앎의 깨끗한 공간을 알아차린다고 해서 우리가 **앎**으로서 깨어나는 것은 아닙니다. 하지만 그것은 추상적이고 조건 지어진 성질을 지닌 생각과의 동일시, 몸과의 동일시(이 둘이 함께 거짓 자아를 이룹니다)에서 깨어나기 위해 우리가 할 수 있는 가장 직접적이고 효과적인 실습입니다.

실습 7

● 깨어난 앎의 마지막 실습으로서, 잠시 시간을 내어 이미 있는 **존재**의 고요를 알아차리십시오. 진심 어린 헌신과 편안함으로, 자신이 누구인지를 묘사하는 생각, 모습, 관념을 참고하지 말고, 지금 이미 존재하는 앎의 현존으로 있으십시오. 그것은 에고도 없고, 생각도 없고, 모습도 없습니다.

● 이렇게 추측도 없고 철학도 없고 영적 관념도 없는, 조건 지어지지 않은 앎의 상태를 인식하십시오.

● 마음으로 붙잡거나 이해하려는 노력을 내려놓고, 편안히 이완하면서, 관념이 없고 본래 깨끗하고 태어난 적이 없는 **존재**로서 머무르기 시작하십시오.

● 이렇게 본래 현존하는 앎은 **존재**의 형태 없고 아는 측면입니다. 앎은 **존재**에 본래 내재해 있으며, 그것이 바로 **존재**의 본성입니다.

2부

깨어난 가슴:
모든 현상의 하나임과
몸으로 깨어나기

1부에서는 깨어난 앎으로 시작했고, 그것을 경험하도록 안내하는 몇 가지 실습을 소개했습니다. 깨어난 앎은 하늘과 같다고 볼 수 있습니다. 그것은 몸과 마음을 자기로 여기는 동일시가 없습니다. 깨어난 앎은 공간처럼 현존하며, 모든 생명을 집착 없이 봅니다. 깨어난 앎은 광대하고 자유롭지만, 또한 다소 단절되어 있을 수 있고, 자신이 모든 존재, 모든 것과 하나임('영적 가슴'은 그곳으로 들어옵니다)을 아직 의식하지 못할 수도 있습니다.

깨어난 관점에 **영적 가슴**을 불러일으키려면, 앎이 공(空) 속의 그 미묘한 자리로부터 가슴으로 실제 내려가야 하고, 심지어 물리적으로도 내려가야 합니다. 깨어난 앎이 **가슴**으로 완전히 내려가면 존재의 하나임이 인식됩니다. 앎 자체를 몸으로 내려보내는 것은 영적 가슴이 깨어나게 하는 중요한 부분입니다.

'직접적인 길'의 가르침에서 가슴은 모든 존재의 본질적인 같음과 절대적 친밀함을 직접, 느낌으로, 감각으로 인지하는 지각을 가리킵니다. 가슴의 수준으로 깨어나면, 우리 모두에게 있는 잠재력, 즉 모든 존재의 하나임을 지각하고 경험하는 능력도 깨어납니다. 이 하나임은 완전한 친밀함으로 경험되며, 존재하는 모든 것에, 대한 깊은 사랑과 감사로 경험됩니다. 그것은 영적 가슴을 통해, 깨어난 앎의 광대한 공(空)을 인식하는 것입니다. 그리고 그 결과는 지각하는 자, 지각함, 지각되는 대상이 구분 없이 하나로 일어남을 깨닫고 경험하는 것입니다.

깨어난 앎은 앎이 몸과 마음을 자기로 여기는 동일시에서 벗어나 올라가는 앎의 초월적 움직임이며, 깨어난 가슴은 앎이 영적 가슴으로 내려가는 움직임이 필요합니다. 첫 번째 깨어남(앎)은 공(空)에 영성을 부여하는 것이며, 두 번째 깨어남(가슴)은 형상에 영성을 부여하고 형상이나 존재의 본성을 보는 것입니다. 이 두 깨어남은 다르지만 공존하는 관점이며, 존재의 똑같은 근본적 현실을 지각하고 경험합니다.

당신은 결코 열리지도 닫히지도 않는 영적 가슴을 이제 처음 알아차릴지도 모릅니다. 영적 가슴은 감정적 가슴보다 크며 감정적 가슴을 둘러싸고 있습니다. 이 가슴은 매우 광대해서 경계가 없고 한계도 없으며, 안도 밖도 없습니다. 이 가슴은 우리 자신인 앎과 연결되어 있습니다. 매우 밀접하게 연결되어 있어서 본질적으로 깨어난 앎과 다르지 않으며, 깨어난 앎의 가슴입니다. 모든 것과의 친밀한 하나임을 지각하고 경험하는 것이 이 가슴 실습의 목표입니다.

8
영적 가슴을 불러일으키기

앎에는 가슴이 있습니다. 이 가슴의 특징은 정서적 감정이 아닙니다. 그것은 존재의 하나임을 지각하는 직관적 능력이며, 거기에서 한없고 조건 없는 사랑이 흘러나옵니다. 영적 가슴은 감정적 가슴이 아니며, 열리고 닫히는 그런 가슴이 아닙니다. 그것은 특정한 곳에 있지 않지만, 감정적 가슴과 같은 신체 부위(흉부)에서 공명합니다. 앎의 가슴은 항상 열려 있다는 면에서는 앎과 같지만, 그 열린 상태는 가슴으로 충만합니다. 앎의 가슴은 친밀하게 연결되고 사랑하는 앎입니다. 그것은 집착도 요구도 없는 친밀함입니다. 그것은 닫힐 수 없고 열릴 수도 없습니다. 왜냐하면 늘 이미 앎 자체만큼 열려 있고 광대하기 때문입니다.

앎의 가슴 즉 영적 가슴을 알아차리지 못할 때는 그것을 경험하지 못합니다. 그것을 알아차리지 못하는 사람에게는 그것이 아예 있지 않은 것이나 마찬가지입니다. 이제 그것에 민감해져보고, 그것의 고요한 현존에 주의를 두어 영적 가슴을 서서히 불러일으켜 보십시오.

실습 8

● 앎이 머리 안과 주위에서 몸으로 내려와 흉부의 가슴 부위로 들어가게 합니다. 잠시 감정적 가슴에 주의를 기울이지 않습니다. 감정적 가슴이 그보다 큰 영적 가슴의 공간 안에 있음을 기억합니다.

● 어떤 감정이든 감정적 가슴에서 있는 그대로 일어나도록 허용합니다. 이 실습에서는 감정보다 훨씬 미묘한 것에 주의를 둡니다.

● 내가 가슴이라고 부르는, 흉부의 고요함에 주의를 둡니다. 가슴에 주의를 둘 때마다 고요한 현존의 느낌이 일어나는데, 그것이 영적 가슴과 만나는 지점입니다. 이 미묘하고 고요한 현존을 알아차리고 느낍니다.

● 이러한 가슴의 현존은 주의를 가슴 쪽으로 돌리는 데 도움

이 됩니다. 가슴의 현존에 머무르면 **영적 가슴**의 활짝 피어남에 자신을 열게 되지만, **가슴**의 활짝 피어남을 강렬하거나 몹시 행복한 느낌으로 오해하면 안 된다는 점을 이해하는 것이 중요합니다. 그것은 하나임을 경험하는 **가슴**의 지각 능력이 깨어나는 것입니다.

● 한계 없는 **영적 가슴**의 고요한 현존이 앎의 전체 장(場)에 미묘하게 충만함을 느낍니다. 앎의 **가슴**이 현존함을 경험하면 **영적 가슴**의 잠재력이 활동하기 시작합니다.

● 앎을 가슴에 둘 때 앎의 '느낌'을 키우십시오. 앎을 가슴에 둘 때 앎이 띠는 현존의 질을 감지해 보십시오.

● 낮에 언제든 기억날 때 이 실습을 하고, 일상생활을 할 때 가슴속에 현존의 느낌을 어느 정도 유지할 수 있는지 봅니다.

9
고요한 가슴의 현존에
헌신적으로 머무르기

여기에서는 **영적 가슴**을 더욱 생동하게 하는 데 초점을 맞춥니다. 그러면 우리는 **영적 가슴**에 머무르거나 쉴 수 있습니다. 가슴은 느끼는 센터일 뿐 아니라 지각하는 센터이기도 합니다. 가슴 센터를 생동하게 하는 것은 단지 크고 강렬한 느낌이나 감정을 경험하게 되는 일이 아닙니다. 그런 일이 일어날 수도 있지만, 느낌과 감정은 이 실습의 관심사가 아닙니다. 이 실습의 목표는 **영적 가슴**의 더 고요하고 미묘한 차원을 불러일으키는 것입니다. 감정적 가슴이 열린다고 느껴지든 닫힌다고 느껴지든 염려하지 마십시오. 그저 이 실습을 하면서, 가슴 센터가 어떤 식으로 반응하든 다 허용하십시오. 이 실습을 꾸준히 하면 가슴 센터가 진정한 잠재력을 활짝 꽃피울 것입니다.

자신을 '늘' 깊이 아끼는 마음으로 대해야 한다는 것을 기억하십시오. 영적 가슴은 감정적 가슴보다 훨씬 미묘하고 고요하며, 모든 생명과 깊고 본질적으로 연결되어 있음을 직관적으로 느끼고 지각할 수 있습니다. 앎을 영적 가슴으로 향하게 하려면 앎이 가슴 센터로 내려가도록 허용해야 합니다. 앎이 가슴으로 내려가면 자신을 둘러싼 미묘한 고요와 함께 미묘한 현존감 혹은 생동감을 느끼기 시작할 것입니다. 영적 가슴 안에 현존하는 것은 가슴 센터를 채우고 그곳에서 발산되는 따뜻한 햇살을 느끼는 것과 비슷합니다. 그런 현존은 온화한 것으로 경험될 때도 있지만, 이따금 강렬하게 경험될 때도 있습니다.

실습 9

- 가슴 안과 주위의 고요한 현존에 주의를 둡니다. 아무것도 붙잡지 않고, 아무 일도 일어나게 하려 하지 않습니다. 감각이 평온하고 고요해질 때 앎이 가슴으로 내려가도록 허용합니다. 영적 가슴에 시간과 주의를 드릴 때 거기에서 발산되는 현존의 미묘한 햇살을 느껴 보십시오.
- 아무것도 억지로 하려 하거나 강압적으로 하지 마십시오. 사랑과 헌신을 겸손히 드리는 행위로서 가슴에 주의를 두십시

오. 왜냐하면 중요한 것은 **가슴**의 현존에 앎을 바칠 때 그렇게 하는 사랑과 헌신과 성실함의 질이기 때문입니다. 받는 것보다 드리는 성실함에 관심을 기울이십시오.

● 이 실습에서는 가슴속 미묘한 현존감에 주의를 드리는 태도에 중점을 둡니다. 가슴으로 주의를 되돌릴 때마다 공물을 바치듯이, 헌신의 행위로서 하십시오. 왜냐하면 당신은 이 삶에서 가장 귀중한 두 가지인 시간과 주의를 **영적 가슴**의 현존에 드리고 있기 때문입니다. 기계적으로 주의를 기울이지는 마십시오. 마치 의미 깊은 큰 선물을 드리는 것처럼 헌신적으로 주의를 기울이십시오.

● 몇 분 뒤 가슴 센터로부터 주위를 둘러보고, 보이는 것을 **가슴**이 어떻게 지각하는지 알아차리십시오. 고요의 눈과 **가슴** 속 현존의 부드러운 빛을 통해 세상을 관찰하십시오. 가슴에 기반한 현존으로부터 볼 때 경험이 어떻게 다른지 알아차리십시오.

● 이 실습은 되도록 자주 고요한 **가슴**의 현존으로부터 지각하고 살아가는 실습입니다. 자신이 완벽하게 하지 못한다는 것을 알면서 그렇게 합니다. 실습이 불완전할까 염려하지 마십시오. 성실하게 하기만 하면 됩니다.

10
영적 가슴은 모든 생명과
친밀히 연결되어 있다

영적 가슴은 감정과 반응의 센터인 감정적 가슴의 너머에 있으며, 대다수 인간 안에 잠들어 있는 지각 센터입니다. 다양한 형태의 감정적 상처를 받은 우리는 자기를 보호하기 위해 어렸을 때나 사춘기 초기의 어느 시점에 어느 정도 감정적 가슴을 닫고 **영적 가슴**을 외면하는 경향이 있습니다. 그런 자기 보호는 충분히 이해할 만하지만 결국에는 좋은 결과를 가져오지 못합니다. 왜냐하면 우리는 결국 가슴이 닫히게 되고, 모든 생명과 공유하는 **하나임**이라는 지고의 본성을 지각하고 경험하는 타고난 능력과 단절되며, 의도하지 않은 상처를 자초하게 되기 때문입니다.

아주 좋은 소식은 **영적 가슴**이 감정적 가슴과 다른 영역이라는 것입니다. 우리는 감정적 고통에 대해 순진하지만 잘못된 반응을 하여 영적 가슴을 외면할 수 있지만, 그래도 영적 가슴은 전혀 손상되지 않습니다. 영적 가슴은 다치거나 파괴될 수 없으며, 두려움이나 판단 혹은 절망 없이, 압도당하지 않으면서 삶의 불가피한 비극적 측면을 담을 수 있습니다. 왜냐하면 영적 가슴은 시공간의 물리적 차원에서 작용하지만, 그 근원은 앎의 형상 없는 차원에 뿌리를 두고 있기 때문입니다.

감정적 가슴과 달리 영적 가슴에는 경계, 한계, 선호 혹은 자아중심적 판단이 없습니다. 우리는 영적 가슴을 잊을 수 있지만, 그래도 영적 가슴은 절대로 닫히지 않으며, 한 번도 다친 적이 없고, 앞으로도 다치지 않을 것입니다. 우리가 무지하여 외면하면 영적 가슴의 빛이 흐려진 것처럼 보일 수 있겠지만, 그것은 결코 우리를 떠나지 않습니다. 왜냐하면 그것은 우리 참된 존재의 친밀한 측면이기 때문입니다. 영적 가슴은 늘 지금 여기에 있습니다. 우리가 그것을 바라볼 때마다 그것은 늘 이미 현존합니다.

실습 10

• 가슴 센터의 고요하고 미묘한, 빛나는 현존으로 시선을 돌

60

리십시오. 그것의 첫 번째 깜박이는 빛은 가슴 속과 주위에 있는 현존의 희미하고 조용한 속삭임으로 일어납니다. 그것에 주의를 기울입니다. 그것을 붙잡으려 하지 마십시오. 그것을 통제하거나 소유하려 하지 말고, 그것에 사로잡히려 하지도 마십시오. 단순히 그것에 모든 주의를 두기만 하십시오.

• 영적 가슴이 감각(시각, 청각, 미각, 촉각)과 섞이도록 허용하십시오. 세상을 바라볼 때 그 가슴의 아는 현존에 머무르면서 보십시오. 소리를 들을 때 영적 가슴의 고요함으로부터 소리를 들으십시오. 어떤 것을 맛볼 때 영적 가슴의 천진함으로부터 맛보십시오. 영적 가슴의 순수함으로 모든 것을 감지하십시오.

• 영적 가슴의 현존이 어떻게 보고 듣고 맛보고 감촉하는 방식에 새로운 수준을 가져오는지 알아차리십시오. 더 친밀해짐을, 모든 생명과 가까운 느낌을 알아차리십시오. 영적 가슴이 누구를, 무엇을 지각하든 우리는 그에게서 혹은 그와 함께 전체임, 천진함, 친밀함을 경험할 수 있습니다.

• 영적 가슴의 고요한 현존 안에 감각들을 쉬게 하여, 감각들이 어떻게 점점 더 민감하고 생생해지는지 알아차리십시오. 이렇게 실습하면 감각들이 제각기 작용하기보다 전체로서 작용하기 시작하고, 영적 가슴이 각 감각을 통해 활동하기 시작할 것

이며, 온몸과 마음이 생기 있고 생동감 넘치며 모든 생명과 친밀히 연결될 것입니다.

11

존재의 하나임

나는 모든 존재, 모든 형태의 생명이 다름 아닌 응축된 에너지라고 상상합니다. 이를 증명하는 과학 증거가 있지만, 여기에서는 형이상학적 추론을 얘기하는 대신에 우리 모두 안에 있는, 하나임을 이해할 능력을 깨우기 위해 '에너지'라는 용어를 사용하고자 합니다. 사랑이 그렇듯이, 사랑인 하나임은 인간이 할 수 있는 가장 친밀하고 연결되어 있는 경험입니다. 하나임에는 추상적인 것이 전혀 없습니다. 이 하나임은 당신의 온 몸과 마음에서 경험됩니다. **영적 가슴**을 깨우는 실습은 지각할 수 있는 하나임의 본성을 추론하거나 지적으로 규정하는 것이 아닙니다. 그것은 모든 존재 사이의 비범한 연결과 친밀함이라는 근본적 하나임을 보고 경험하고 지각하는 우리의 잠재력을 깨우는 것입니다.

오늘의 실습을 시작하기 전, 앎이 머리 안과 주위에서 내려와 흉부(가슴 부위)에 머무르게 합니다. 이렇게 하면 더 친밀히 연결된 존재의 경험을 느끼기 시작할 수 있습니다. 가슴에서 시작하여 몸에서 하나임을 '느낀다'는 것을 기억하십시오. 이것은 체화 실습입니다. 초월적 앎의 안전함을 더 좋아하는 사람들에게는 이 실습이 좀 어려울 수도 있습니다. 그런 사람은 이 실습에 도전해 보기를 권합니다. 왜냐하면 '직접적인 길' 가르침에서 우리는 존재의 '모든' 차원에서 깨어나려 하기 때문입니다.

실습을 준비할 때 주위를 둘러보고, 자신이 가슴으로부터 보는 것을 감지해 보십시오. 세상은 물질의 형태로 가득합니다. 눈에 보이는 모든 것이 전부 응축된 에너지 혹은 영(이 용어를 쓰고 싶다면)으로 이루어져 있다고 상상해 보십시오. 나무들, 벽들, 발밑의 바닥, 자기 몸을 바라보고, 그것들이 모두 응축된 에너지의 형태라고 상상해 보십시오. 그것들은 영(靈), 즉 의식이 있고 생기를 주는 존재의 힘이 다양하게 발현된 것입니다. 이런 식으로 생명에 대한 '감'을 잡아 보십시오. 아직은 생명을 이런 식으로 지각하지는 않더라도……. 다시 말하지만, 여기서는 세상의 형이상학적 본질에 관해 추론하려 하지 않습니다. 대신, 우리는 영적 가슴을 깨우고, 하나임이라는 실재를 느끼고 지각하는 그 가슴의 잠재력을 깨우려 하고 있습니다.

실습 11

● 잠시 멈추고, 가슴의 고요함 안에서 편히 쉽니다. 하루에 몇 차례 이렇게 합니다.

● 자기 몸과 보이는 모든 것이 형태 없는 에너지 혹은 영으로 이루어져 있다고 상상해 보십시오. 모든 것과 모든 사람은 신, 붓다, 의식의 살아 있는 발현입니다. 영적 가슴이 깨어나면 당신은 생명을 그렇게 보고 경험할 것입니다.

● 상상 속의 세상을 포함하여, 세상을 이런 식으로 만날 때, 세상을 지각하거나 경험하는 자기의 방식에 어떤 변화가 있는지 알아차리십시오. 어지러운 환상 속에서 길을 잃지 말고, 가슴을 통해 직접 경험하고 지각하는 것에 주의를 기울입니다. 앎이 가슴으로부터 세상을 감지하는 것을 느껴 보십시오.

● 오늘은 영적 가슴의 고요한 현존 안에 거하는 앎의 텅 빈 눈으로 모든 것과 모든 사람을 바라보십시오. 눈에 보이는 모든 형상은 형상 없는 것이 발현된 것입니다. 지각할 수 있는 모든

존재는 하나인 존재 즉 보편적 존재의 표현입니다.

12
바로 이 몸이 붓다다

선불교에서는 "바로 이 몸이 **붓다**다."라고 가르칩니다. 이는 당신의 신체를 포함한 형상의 본성이 실재의 몸이라는 뜻입니다. 저 위의 하늘과 발아래 땅뿐만 아니라 시공간의 모든 광대한 범위가 신의 얼굴입니다. 당신의 몸과 호흡, 심장 박동도 신의 얼굴입니다. 당신의 강인한 성격만이 아니라 인간적인 약함과 오류 가능성도 신의 얼굴입니다. 그것은 당신의 타고난 완전함이며, 탄생과 삶, 죽음이라는 냉엄한 현실입니다. 이는 형이상학적 추론이 아닙니다. 그것은 우리가 깨어난 가슴을 통해 삶의 모든 것을 보고 경험하는 방식입니다.

깨어난 앎이 드러내는 앎은 우리가 소유하는 것이 아니라 우리 자신인 광대한 의식입니다. 깨어난 앎의 수준에서 당신은 부재(不在)이자 현존이며, 동시에 부재도 아니고 본질적 존재를 발하는 현존도 아닙니다. 이 경험은 큰 용기, 자유, 가벼움, 맑고 깨끗한 마음을 가져옵니다. 이 앎이 자기를 영적 가슴에 헌신적으로 내줄 때, 모든 생명과의 친밀하고 경이로운 연결이 드러납니다. 셀 수 없이 다양한 생명의 형태는 당신의 피와 뼈, 골수이며, 있는 그대로의 모든 존재에 대한 사랑의 거대한 원천입니다. '바로 이 몸'이 붓다의 몸입니다. 모든 특정한 것이 전체인 보편적 존재입니다.

실습 12

- 바로 이 몸의 깨어난 관점에서 보면, 당신의 인간 몸과 우주 몸(우주 자체)은 붓다의 몸이며 본질적 존재의 몸입니다.

- 당신 안의 세계를 허용하십시오. 두려워할 것은 하나도 없습니다. 그것은 내내 있었습니다. 당신은 세계가 자기를 친밀하게 경험하는 방식입니다.

- 앎이 가슴의 고요 안에서 쉬게 하십시오. 온몸이 무한자의 눈과 귀가 되도록 모든 감각을 활짝 열고 귀 기울여 들으십시오. 당신의 온몸이 무한한 존재(생명 자체)가 자기를 형상으로서 보고 듣고 맛보고 감촉하고 느끼는 방식이라고 상상해 보십시

오.

● 가슴의 고요와 열려 있음으로서 편히 쉬며, 자신이 생명의 의식 자체임을 느껴 보십시오. 생명은 당신의 눈을 통해 자기를 보고, 당신의 귀를 통해 자기를 듣고, 당신의 감각을 통해 자기를 느끼며, 당신이 있다는 자각을 통해 자기를 의식하게 됩니다. 존재의 너그러움 안에 머무르십시오. 붓다인 이 몸 안에……

13
영적 가슴 안에서 쉬기

닫힌 뒤 다시 열리고 싶어 하는 인간의 가슴은 **영적 가슴** 안에 있습니다. **영적 가슴**은 하늘처럼 무한하며, 우리가 숨 쉬는 공기처럼 늘 현존합니다. 그것은 닫히거나 열리지 않습니다. 그리고 앎처럼 늘 현존하며, 하늘처럼 늘 광대합니다. **영적 가슴**의 현존에 주의를 기울이지 않으면, 그것을 의식하지 못하고, 그것이 존재하지 않거나 닫혔다고 여길 수 있습니다. 하지만 그것에 헌신적으로 주의를 기울이면, 자기 안에 있는 그것의 현존을 점점 더 의식하게 됩니다. 당신은 한 번도 잃은 적이 없는 그것을 알아보기 시작하고, 두려워하는 인간적 가슴이 연민 가득한 **영적 가슴**에 열립니다. 이 **영적 가슴**은 만 개의 눈으로 보고 만 개의 팔로 붙잡아 주는 우주의 사랑처럼 느껴집니다. 그것은 친밀하게 당신이면서 동시에 당신의 너머에 있습니다.

영적 가슴은 존재의 근본적 하나임을 직관적으로 지각합니다. 그것은 단지 친밀한 존재감만이 아니며 본래 지각하는 기관입니다. 이 직관력은 우리 대부분에게 잠든 상태지만, 그래도 늘 있습니다. 그러나 우리가 서로 분리되어 있다고 상상하는 상태에 집착하고, 그에 따르는 끈적끈적한 감정에 집착하게 되면, 모든 생명과 경이롭게 연결되어 있다는 사실을 점차 잊어버리고, 이 직관력은 우리 안에서 잠들어 버립니다.

인간적 가슴은 변덕스러울 수 있습니다. 열렸다가 닫히고, 사랑하다가 증오하고, 받아들이는가 하면 거부하고, 신뢰하다가 두려워합니다. 광대한 영적 가슴에 기반하지 않으면 인간적 가슴은 고아처럼, 엄마 없는 아이처럼 느낍니다. 인간적 가슴은 영적 가슴과 결코 분리되지 않지만, 감정에 집착하면 보편적 존재의 가슴과 친밀하게 연결되어 있음을 의식하지 못하게 됩니다. 이 실습에서는 영적 가슴, 존재의 가슴에 관심을 기울일 것입니다. 그 안에 쉬면서 어떤 분리도 없는 신의 사랑을 느낄 때, 당신의 인간적 가슴을 영적 가슴에 내맡겨 보십시오.

실습 13

● 앎의 고요와 현존을 경청하고 느낌으로써 가슴의 고요 안에서 편히 쉬십시오. 앎이 머리로부터 몸을 통해 가슴까지 내려오게 하고, 가슴 센터 안에서 쉬게 하십시오.

● 주의가 위로 올라가 머리로 돌아가서 생각에 빠지면, 숨을 내쉬면서 주의를 부드럽게 가슴으로 내려보내십시오. 앎을 가슴 센터에 둘 때, 앎이 어떻게 생기와 광휘의 미묘한 현존으로 나타나는지를 느낍니다. 현존이 강렬한 감정처럼 강력하리라고는 기대하지 마십시오. 그 대신 가슴속 현존의 미묘한 빛에 주의를 기울입니다.

● 당신의 인간적 가슴이 모든 고통, 기쁨과 더불어 **영적 가슴**, 앎의 가슴에 둘러싸여 있음을 알아차리십시오. 앎이 있는 곳이면 어디든 앎의 **가슴**, 영적 가슴도 발견할 것입니다.

● **영적 가슴**의 사랑하는 현존이 인간적 가슴(춤추는 감정의 가슴)에 충만하게 하고, **영적 가슴**의 힘과 용서가 당신의 전 존재에 받아들여지게 하십시오. **영적 가슴**은 모든 것을 용서하고 구원하는데, 그것은 **영적 가슴**이 당신의 **존재**를 온전함과 완전함으로 회복하고 향하게 한다는 뜻입니다.

● 여기에서, **영적 가슴** 안에서 편히 쉬십시오.

● 이 단순한 실습을 자주 반복하면, 영적 가슴을 깨워 알아차리게 할 것입니다. 인간적 가슴은 영적 가슴(보편적 사랑, 용서, 자비의 가슴)으로 들어갈 것이고, 당신은 보편적 존재의 눈을 통해 보기 시작할 것입니다. 어디를 보든, 무슨 소리를 듣든, 무엇을 맛보거나 느끼든 오직 영, 참된 자기 혹은 신만 경험할 것입니다. 그리고 당신의 영적 가슴은 모두에게 구원하는 현존일 것입니다.

14
영적 가슴은 존재와 됨의 역설을
포함하고 초월한다

모든 인간은 존재와 됨(becoming) 혹은 진화라는 역설의 구현체입니다. 깨어난 존재의 관점에서는 온전함과 완전함만 있으며, 그 안의 모든 것과 모든 사람은 존재의 완전함의 표현입니다. 당신이 본연의 자유와 완전함으로 깨어나기 위해 바꿀 필요가 있는 것은 아무것도 없습니다. 당신을 비롯해 존재하는 모든 사람, 모든 것은 늘 이미 위대한 실재이며, 늘 이미 붓다입니다. 이것이 깨어남의 절대적 관점입니다.

우리는 늘 이미 완전하지만, 깨어남의 절대적 관점에서 보면, 우리는 또한 끊임없이 '되고' 있습니다. 인간의 차원에서 성장하고 발전하고 있습니다. 우리는 늘 이미 붓다지만, 또한 평범하고 오류를 범할 수 있는 의식 있는 존재입니다. 영적 가슴 쪽에서 보면, 우리는 항상 존재하면서(being) 끊임없이 되고 (becoming) 있습니다. 영적 가슴으로부터 우리는 아무런 모순 없이, 이런저런 편견 없이, 그리고 어떤 관점에 대한 집착 없이 그렇다는 것을 봅니다. 우리는 한 사람의 인간이면서 동시에 보편적 하나입니다. 영적 가슴만이 모순이나 편견 없이 그것을 보고 경험할 수 있습니다.

실습 14

● 가슴의 고요한 현존 안에 편히 쉬십시오. 가슴의 수준에서 앎은 친밀하고 부드럽고 광대하며 현존으로 빛난다는 것을 알아차리십시오. 가슴 센터의 이 공간에 잠시 그대로 머무릅니다.

● 조건 지어진 마음과 달리, 가슴은 초월적 온전함이나 상대적 '됨'으로 치우치지 않음을 알아차리십시오. 또 무형의 자유로운 앎이나 일시적인 변화의 세계로 치우치지도 않습니다. 가슴은 모든 것을 껴안으며, 모든 것입니다.

● 하루 종일 **영적 가슴**의 이런 연결되고 구현되고 친밀하고 사랑하는 상태에서 행동하려고 해 보십시오. 말하고 행동하고 반응할 때, 의도적으로 **영적 가슴**에 연결되어 있으려고 해 보십

시오. 이는 일상생활을 하는 동안 **가슴** 센터를 어느 정도 계속 알아차린다는 의미입니다.

- **존재와 '됨'의 역설을 포함하고 초월하는 영적 가슴**에 의식적으로 연결되어 있을 때, 자기의 말과 행동과 반응이 어떻게 미묘하게 변하는지 알아차리십시오.

3부

깨어난 존재의 바탕:
신적 존재의 바탕으로 깨어나기

3부에서는 신적 존재의 바탕을 깨우는 데 중점을 둡니다. 먼저 1, 2부를 요약해 봅니다.

1. 깨어난 앎은 본질적으로 생각, 기억, 자아상이라는 프리즘을 통해 경험하는 정체성으로부터 깨어남입니다.

2. 깨어난 가슴은 감정적 자아감으로부터 깨어남입니다. 감정적 자아감이란 본질적으로 과거의 경험, 그리고 현재의 분리 상태에 대한 집착입니다.

깨어난 존재의 바탕은 우리 존재 경험의 궁극적 토대와 근원으로 깨어남이며, 그러므로 존재의 바탕은 깨어난 가슴이 경험하는 존재의 하나임을 포함하지만, 또한 그 하나임을 초월합니다. '직접적인 길'의 가르침에서는 이해를 돕기 위해 깨어난 관점의 세 측면을 각각 독특한 통찰의 영역으로 나누지만, 완전히 깨어난 관점은 하나의 관점임을 기억해야 합니다. 그 세 관점은 깨달은 지각의 관점 안에 있는 측면들 혹은 하위 관점들입니다.

우리 **존재의 바탕** 안에서 우리가 궁극적으로 무엇인지는 말로 설명할 수 없습니다. 그러니 여기서 내가 할 수 있는 것은 그것이 무엇인지 암시하는 것뿐입니다. "나는 누구인가?"라는 물음에 대한 최종 대답은 우리 본성의 전체성(그것을 어떤 이름으로 부르든)으로 깨어남으로써 찾을 수 있습니다. 깨어난 관점에서 보면, 오직 이 깨어난 관점만이 우리가 무엇인지 혹은 누구인지 묻는 물음에 대한 최종 해답입니다. 그러므로 '직접적인 길'은 오로지 깨어난 관점을 일깨우는 실습에만 중점을 둡니다. 깨어난 관점이 없으면, 우리의 본성에 관한 관념적 이해는 좀더 세련된 환상에 불과합니다. 이 점을 명심한다면, 아마 내가 '직접적인 길'에서 제공하는 관념적 지시어들은 당신 안에서 일깨우려 하는 실재를 가리지 않을 것입니다.

존재의 바탕은 모든 존재의 근원이자 본래 그러함(진여)입니다. 그것을 무한하며 드러나지 않은 잠재력으로 여길 수도 있습니다.

존재의 **바탕**은 존재의 근원으로서 존재를 철저히 초월하지만, 당신이 이 말을 만나는 바로 이 순간을 포함해 모든 것의 늘 현존하는 본래 그러함입니다. **존재**와 비존재, 어떤 사람과 아무도 없음, 가득함과 비어 있음, 이해와 무지 이전에, 신적 **바탕**은 영원의 영원한 응시 같은 것으로 경험되며, 모든 경험과 지각의 **바탕**으로서 친밀하게 가깝지만 시간을 초월하여 현존합니다. 그것은 붙잡으려 하면 너무 멀리 있는 것처럼 보입니다. 어디에나 가득한 그것의 경이로움 속으로 들어가면, 그것은 찰나의 이해로 그 전체를 드러냅니다.

신적 **바탕**은 설명하기도 어렵고 일깨우기도 매우 어렵습니다. 그것을 흘끗 보는 것 이상을 받으려면, 에고의 구조를 단순히 넘어서거나 우회하는 것이 아니라 뿌리째 뽑아야 합니다. 그러는 동안 에고 구조에서 두려움과 깊이 자리한 저항이 일어날 때가 많습니다. 본질적으로 그 두려움은 가상의 통제력과 가상의 에고를 잃을 것이라는 두려움입니다. 하지만 에고에게 이 두려움은 상상 속에만 존재하는 것일 뿐입니다. 이런 이유와 또 다른 이유들로, 이어지는 다음 실습들은 **존재의 바탕**의 다소 덜 위협적인 측면들을 알아차리는 데 중점을 둡니다. '다소' 덜 위협적이라고 말하는 이유는, **존재의 바탕**의 모든 참된 실제(더 알맞은 말이 없으므로) 경험이 일어나려면 어느 정도 경험의 중심에서 에고의 구조를 제거하는 대가를 치러야 하기 때문입니다. 선불교에서는 이렇게 에고를 제거하는 것을 '큰 죽음'이라 합니다. 왜냐하면 의식의 중심에서 에고를 제거할 때, 그것은 단지 에고가 한 사람의 의식의 중심에서 떨어져 나가는 경험일 뿐이지만, 종종 진짜 죽음처럼 경험되기 때문입니다. 이 '큰 죽음'에 이어서 참되고 깊은 본능적 재탄생의 느낌이 일어납니다. 그것은 우리 존재의 경험에서 일관되게 중심이 되는 깨달은 관점의 탄생입니다.

이 에고의 죽음은 가끔 격렬한 감정과 함께 경험될 수 있습니다. 그러므로 '직접적인 길'에서는 에고의 가장 깊은 뿌리를 곧장 제거하려 하는 실습을 제안하지 않습니다. 그런 실습은 경험이 많은 영적 스승의 지도를 받는 수련 환경에서 하는 것이 좋습니다. 하지만 그런 일은 영적 삶에서 어느 때든 자연히 일어날 수 있는 경험입니다. 만약 그런 경험이 당신에게 일어난다면, 내가 드릴 수 있는 최선의 일반적인 조언은 모든 것이 다 괜찮음을 기억하고, 최대한 이완하며, 아무것도 강제로 하지 말고 무엇에도 저항하지 말라는 것입니다. 그리고 상상이라는 꿈속에 빠져 있지 말라는 것입니다. 에고는 참된 당신 자신이 아니며, 당신의 개인적 심리 구조임을 잊지 마십시오. 붓다는 그런 에고의 죽음을 경험했을 때, 땅에 손을 댔습니다. 마치 "이 땅은 나를 받쳐 준다. 나는 땅의 단단함을 신뢰한다."라고 말하듯이.

15
호흡을 닻으로 확립하기

신적 존재의 **바탕**을 깨우기 위해 호흡이 닻의 역할을 하게 만듭니다. 우리 존재의 가장 깊은 차원으로 들어갈 때, 우리의 경험을 단단히 붙잡아 줄 수 있는 것을 확립하는 게 중요합니다. 존재의 **바탕** 안에서 우리는 심오한 방식으로 우리 존재의 신비를 만납니다. 우리의 가장 깊은 **바탕**에는 우리가 붙잡거나 매달릴 수 있는 것이 전혀 없습니다. 그러므로 우리의 상상은 자주 존재의 깊은 신비 속으로 자기를 투사할 것입니다.

우리의 주의에 닻을 제공하면, 주의는 미묘하지만 때로는 진짜처럼 느껴지는 무의식적 마음의 투사 안에서 길을 잃고 헤매지 않게 됩니다. 우리 존재의 **바탕** 안에 들어가는 것은 완전히 의식하면서, 꿈도 없는 깊은 잠으로 들어가는 것과 같습니다.

잠을 자라고 권하는 게 아닙니다. 이번 실습과 그 뒤에 이어지는 여섯 가지 실습에서, 당신은 깊은 잠처럼 고요하고 움직이지 않는 **존재**의 차원에 열릴 것입니다. 하지만 만약 그것을 어디에서 찾아야 하는지 안다면, 그것은 모든 깨어 있는 순간에 현존합니다.

그 경험은 깊은 잠과 매우 비슷하므로 주의를 붙잡아 줄 닻을 갖는 것이 중요합니다. 아랫배로 하는 호흡이 그 닻입니다. **존재의 바탕**은 어떤 장소에 있는 게 아니지만, 아랫배는 신비와 알 수 없음에 대한 우리의 가장 깊은 경험에, **존재의 바탕**에 접근하는 지점이며 생생히 공명하는 접근 지점입니다. 나는 그것이 검은색이라고 생각하는데, 밤하늘처럼 비어 있는 검은색이 아니라 불가해한 신비와 순수 잠재력의 검은색으로 여깁니다. 그것은 또한 '무아(無我)'의 검은색이며, 모든 존재 경험의 너머에 있는 존재의 궁극적 근원의 검은색입니다.

실습 15

● 눈을 감습니다. 파악하거나 이해하려 하지 말고, 눈을 감았을 때 보이는 어둠 속에서 편히 쉽니다. 주의를 이완하여 아랫배로 내려보냅니다. 호흡이 아랫배에 자리 잡을 때까지 몇 분

동안 가만히 있어도 됩니다.

● 내적 존재의 침묵과 고요를 느낍니다. 알 수 없는 차원인, 헤아릴 수 없는 **존재의 바탕** 안에 완전히 내맡기는 느낌으로 머뭅니다. 진심 어린 헌신과 집중으로 그렇게 합니다. 이는 존재 안의 알지 못하는 고요를 알아차리면서, 그 내적 고요의 어두운 신비 속으로 천천히 내려놓는 것과 같습니다.

● 이 어둡고 두터운 내적 고요는 영원의 어두운 공(空)과 접촉함의 시작입니다. 알 수 없는 텅 빈 근원 안에 호흡이 쉬게 합니다. 마음이 이리저리 떠돌면, 다시 주의를 아랫배의 호흡으로 부드럽게 돌리고, 존재의 어두운 신비를 감지합니다.

● 호흡은 항상 당신과 함께 있습니다. 그러니 길을 잃거나 안정되기 위한 구체적인 기준이 필요할 때는 언제나 호흡으로 돌아갈 수 있습니다. 더 깊이 들어갈수록 호흡은 더 미세해집니다. 미세한 속삭임이나 가장 미묘한 산들바람 같아집니다. 몸은 얼마든지 필요한 속도로 호흡하므로 조금도 염려할 필요가 없습니다.

● 얼마나 철저히 내려놓을 수 있는지 보십시오. 긴장을 풀고 마음이 노력 없음으로 녹아들게 하십시오. 여기서 잠시 멈추고 싶으면, 계속할 준비가 될 때까지 멈추어도 됩니다.

● 준비되었다고 느껴지면 눈을 뜨되, 내면의 깊은 고요로부터 바라봅니다. 천천히 하십시오. 서두르지 마십시오. 감각들이 모습과 소리의 세계에 다시 적응하도록 놓아두십시오. 어쩌면 시간을 초월한 영원을 느낄지도 모릅니다. 마치 영원이 당신의 눈을 통해 바라보는 것처럼.

● 하루를 보내는 동안 이 영원의 느낌을 감지하는 배경의 앎이 어느 정도 유지되게 해 보십시오. 이 실습을 하루에 두세 번 반복하고, 가능하면 잠들기 전에 다시 해 보시기 바랍니다.

16
존재의 바탕에 자신을 열기

존재의 바탕을 경험으로 알아차리는 첫째 실마리는 혼자임, 침묵, 고요의 경험입니다. 이 혼자임은 외로움과 다르며, 자아 너머의 혼자임입니다. 이 혼자임은 우리의 가장 깊은 **존재의 바탕**으로 들어가는 입구입니다. 우리는 내적으로 벌거벗은 채 혼자임에 다가가든지, 아니면 전혀 다가가지 못합니다.

조셉 캠벨은 원탁의 기사와 성배를 찾는 그들의 모험을 묘사하며 이렇게 말합니다. "기사들은 각자 …… 자신이 선택한 지점에서 숲으로 들어갔는데, 그곳은 몹시 어둡고 길도 없었다. …… 길이 있는 곳이라면 그것은 다른 사람의 길이다. 인간은 저마다 독특한 현상이다. 그러므로 인간은 행복에 이르는 자기만의 길을 찾아야 한다."[1] 이는 우리가 자기 내면에서 미지의 것을 만남으로써 열반이나 깨어남에 이르게 된다고 말하는 방식입니다. 우리는 **존재의 바탕**에 열릴 때, 익숙한 것을 모두 내려놓음으로써 내면의 침묵을 따라 더듬으며 나아갑니다.

실습 16

● 아랫배에 주의를 두면서, 자기의 내면과 주위에 있는 조용하고 고요한 신비감에 자신을 엽니다. 말도 모습도 없는 그 고요하고 어두운 공간에서 자기의 모든 집착을 내려놓고, 당신 존재의 어두운 신비를 만나는 앎의 공(空)으로 존재하십시오.

● 자기 내적 존재의 혼자임을 느끼십시오. 그러면 외로움이나 버림받은 기억이 떠오를 수도 있지만, 그것은 심리적 자아의 기억임을 잊지 마십시오. 그것을 **존재의 바탕**의 내적 혼자임과 혼동하면 안 됩니다. 옛 기억이나 마음의 투사로 인해 주의가 흐트러지지 않게 하고, 내적 고요와 내적 앎의 광대한 공간에 계속 주의를 기울입니다.

● 만약 겁이 나면, 발아래 땅이 당신을 받쳐 주고, 머리 위 하늘이 지켜봐 주며, 배의 호흡이 닻이 되어 줌을 기억하십시오. 일어나는 어떤 생각, 견해, 모습에도 주의를 기울이지 마십시

오. 그것들은 다른 때, 다른 상황에서 조사할 수 있습니다. 땅, 하늘, 호흡이 당신을 지지해 줌을 신뢰하며 평온하십시오.

● 당신 존재의 깊은 고요 안에서 당신의 낡은 정체성, 모든 투쟁, 모든 분투, 모든 저항을 포기할 수 있음을 알아차리십시오. 그럴 때 당신은 집착과 정체성이 비워진 존재의 차원으로 들어가고, 거기서 심리적 자아가 비워져 그것에서 벗어나며, 천진하고 자연스러운 현존으로 있으며, 모든 분별심을 떠났습니다.

● 실습을 마치고 싶어질 때까지 이 모름과 천진한 현존으로서 편히 쉽니다. 하루를 보내면서, 이 천진한 현존을 떠올리고, 자기의 말 없고 고요한 존재를 잠시 상기해 봅니다.

17
영적 가난과 영원의 눈길

존재의 바탕의 고요에 열리면, 자기 이야기를 모두 내려놓는 데 집중합니다. 과거의 통찰이나 깨어남에 관한 이야기들도 마찬가지입니다. 자기 이야기를 철저히 떠나지 않으면 **존재의 바탕**에 완전히 들어갈 수 없습니다. 최대한 영적으로 벌거벗고 자아 지향성을 비워 내야 합니다.

예수는 "마음이 가난한 사람은 복이 있나니 하늘나라가 그들의 것이다."라고 가르쳤습니다. 마음이 가난하다는 것은 관점에 관한 주장과 부정뿐 아니라 관념, 이미지가 비워진 상태를 의미합니다.

그것은 **존재**의 신비로운 미지의 차원과 직접 접하는, 자신의 텅 비고 모호하고 어두운 핵심으로 들어가는 것입니다. **존재의**

바탕으로 들어갈 때는 과거의 경험이나 과거의 지식을 가지고 갈 수 없습니다. 이는 가장 깊은 깨어남에 필수적입니다. 우리가 무엇이든 붙잡으면 그것은 우리를 붙들어 나아가지 못하게 할 것입니다.

실습 17

● 호흡할 때 호흡이 아랫배에 자리 잡게 합니다. 자기의 핵심에 이미 존재하는 고요의 현존을 알아차리고 느끼십시오. 이 고요 안에 깊이 쉽니다.

● 자신이 누구라고 얘기하는 생각, 이미지, 견해는 참고하지 않으면서, 진심 어린 헌신과 집중으로, 늘 이미 존재하는 고요하고 어두운 허공, 존재의 신비 안에서 쉽니다.

● 고요한 미지의 현존이 당신의 눈을 통해 보게 하고, 바로 이 순간 시간의 세계를 응시하는 영원의 (시간을 초월한) 경험을 알아차리십시오.

● 내면으로 시선을 돌려 개인적인 '나'가 없음을 알아차리십시오. 보는 자는 없습니다. 존재의 고요하고 신비한 현존(나타난 표현)이 세계를 바라봅니다. 그 **바탕**은 이름도 없고, 할 일도

없고, 얻을 것도 잃을 것도 없습니다. 그것은 시간의 세계를 바라보는 영원의 눈길입니다.

18
형언할 수 없는 영역

'직접적인 길' 실습은 기법이 아니며, 앎이 존재의 신비에 깊이 잠기도록 인도하는 안내자입니다. 상상할 수 없는 우리 존재의 경이로운 어둠 속으로 뛰어들려면 사랑의 직관적 뛰어듦이 필요합니다. 그래요, 사랑입니다. 왜냐하면 우리의 핵심에 있는, 형언할 수 없는 모름의 심연으로 뛰어들게 되는 것은 사랑(진실에 대한 사랑, 신에 대한 사랑, 동료 피조물에 대한 사랑)이기 때문입니다.

우리가 이 심연으로 뛰어드는 것은 관심이 있기 때문입니다. 우리는 자기의 행복에 관심을 두고, 우리가 지구에 미치는 영향에 관심을 두고, 온 세상의 셀 수 없이 많은 고통받는 존재들에게 관심을 둡니다. 우리 내면의 진실에 관심을 둡니다. 우리가 충분히 관심을 두면 분리와 두려움의 꿈에서 깨어나게 되고, 그

러면 인간적인 모든 불완전함과 잘못에도 불구하고 이 세상의
빛이 될 수 있습니다. 자기를 내려놓으려면 사랑이 필요합니다.
그리고 우리는 사랑하기에 내려놓습니다. 자기 자신으로 여기
는 것을 내려놓을 만큼 충분히 관심이 많다는 것을 알게 되기에
내려놓습니다.

　내려놓는다는 것은 그대로 놓아둔다는 뜻입니다. 모든 것을
잠시 그대로 놓아두는 것입니다. 이렇게 놓아둘 때, 우리는 더
이상 자기 자신과 싸우지 않고 자기 안에서도 싸우지 않으며,
어디에 도달하거나 어떤 일을 일어나게 하려고 애쓰지도 않습
니다. 내려놓는다는 것은 두려움이 닥쳐도 사랑하기를 선택하
고, 내려놓고 놓아두기를 선택한다는 뜻입니다. 우리는 무엇을
경험하든 그것에 간섭하지 않기로 선택합니다. 그리고 사랑으
로 우리 내면에 있는 고요한 미지의 심연 속으로, 영원의 광대
한 공(空) 속으로, 우리의 본질인 형언할 수 없는 영역으로 들어
갑니다.

실습 18

● 생각과 관념이 한창 일어나더라도 잠시 멈춘 뒤, 자기 내면
의 고요한 침묵의 현존은 본래 생각이 없고 자아가 없고 관념이

없고 지식도 없는 상태임을 알아차립니다.

● 이 고요하고 보이지 않는 현존을 알아차리고, 내면의 신비로운 공(空) - 근원에 머무릅니다.

● 사랑하는 헌신의 행위로서, 모든 지식을 넘어서는 자기 존재의 텅 빈 고요 안에서 편히 쉽니다. 영원한 지금에는 과거도 없고 미래도 없음을 알아차립니다. 모든 것이 시간을 초월한 지금 - 순간 안에 있습니다.

● 고요하고 텅 빈 있음으로 존재하십시오. 두려워할 것은 없습니다. 당신이 순수 잠재력의 공(空) - 근원과 합쳐질 때, 마음이 지식을 포기하고 가슴이 집착을 포기하게 두십시오.

● 형언할 수 없는 영역, 시간을 초월한 영원의 밝은 눈길에 머물 때, 당신의 붙잡을 수 없는 본성(아무것도 아님, 고요한 현존)을 알아차리십시오. 이 존재의 심연에서 당신은 순수하고 보이지 않는 잠재력이며, 무한한 공(空)이며, 모든 현상의 본체적 근원입니다.

● 이 규정할 수 없는 존재의 바탕 안에서, 어디에나 있는 모든 존재의 있음 안에서 편히 쉬십시오. 왜냐하면 실로 존재의 본체적인 공(空) - 근원이 바로 모든 낱낱의 현상적 존재이기 때문입니다. 그것은 다르지만 같고, 같지만 다릅니다.

● 당신의 눈이 볼 수 없는 것을 보게 하고, 당신의 존재가 알 수 없는 것을 알게 하십시오. 이것이 형언할 수 없는 영역에서 살아가는 '깨달은 삶'의 알 수 없는 앎입니다.

19
자아를 잃음으로 자기를 찾기

명상적 통찰의 역설은 우리가 옛 정체성을 비워 냄으로써 새로운 정체성을 활짝 꽃피운다는 것입니다. 이 비움은 우리가 하는 일이 아니라, 일어나도록 허용하는 일입니다. 우리는 자아중심적인 노력과 의지로 밀어붙이지 않으며, 붙잡고 있던 것을 느슨하게 하는 가슴의 반응으로 비움을 허용합니다.

역설적이게도, 우리는 (독립적 실체가 없는) 자아를 잃음으로써 새로운 정체성을 발견합니다. 그것은 쉽게 설명하거나 파악하거나 상상할 수 있는 정체성이 아니며, 동시에 비개인적이면서 개인적이고 보편적인 정체성입니다. 진정한 '나'는 다름 아닌 진정한 '너'이며 진정한 모두입니다. 당신은 자아를 잃음으로써 **바탕**을 발견하는데, 그곳에서 당신은 자기 존재의 태어나지 않고 형성되지 않은 근원이며 모든 피조물의 존재입니다. 그곳에서 당신은 이름 붙일 수 없고 텅 빈 잠재력이며, 당신의 큰 부재가 완전한 현존으로 빛날 때 존재의 중심을 흐릅니다.

실습 19

● 고요히 있으면서, 당신 안의 고요함이 당신의 눈을 통해 보고, 귀를 통해 듣고, 감각 기관을 통해 느끼게 하십시오.

● 무엇을 깨달았든 깨닫지 못했든, 자신이 명상하는 자, 행위자, 깨닫는 자, 통제하는 자라는 느낌을 진심 어린 헌신으로 단번에 내려놓으십시오. 손에서 공을 놓아 떨어뜨리듯이 그것들이 쉽게 떨어져 나가게 하십시오.

● 자아 없음, 과거 없음, 미래 없음으로 이루어진 모든 관념의 너머에서 늘 이미 현존하는 상태로 편히 쉬십시오. 늘 현존하는 이 자아 없는 영원의 상태, 시간을 초월한 지금 안에서 편히 쉬십시오. 자신이 이해할 수 없는 자유의 상태에 있고 평화로움을 알 때, 당신은 자아를 잃음으로써 자기를 발견한 것입니다.

20
천진함의 재발견

우리는 집착하지 않음, 내려놓음, 있는 그대로 놓아둠을 통해 심오하고 파악할 수 없고 보이지 않는 **존재의 바탕**에 이릅니다. 우리에게 더해지는 것은 아무것도 없으며, 우리는 늘 이미 현존하는 **바탕**과 근원에 눈을 뜰 뿐입니다. 이 근원은 어떤 것과도 떨어져 있지 않지만, 붙어 있지도 않습니다. 이 **존재의 바탕**과 연결될 때 우리가 발견하는 것은 우리의 본래 천진함이며, 거기에서는 매 순간이 이전에 한 번도 존재한 적 없는 새로운 창조처럼 느껴집니다.

우리 **존재의 바탕**은 시간을 초월한 상태입니다. 그것은 마음에서 내용이 비워지고 마음이 매 순간 새로워지는 차원입니다. 그러므로 그런 마음은 현재가 과거를 통해 여과되고 해석되지 않는 천진함 안에 거합니다. 필요하면 방대하게 쌓인 인간의 지식을 사용할 수 있지만, 그 지식은 더는 당신 자신과 지금 실제로 있는 것 사이의 장벽이 아닙니다.

그러므로 **존재의 바탕**에서는 모든 순간이 과거에 습득된 왜곡된 관점 없이, 시간 감각 없이 직접 경험됩니다. 그것은 시간을 초월한 유일하고 영원한 지금의 상태이므로 **존재의 바탕**은 영원의 눈을 통해 보고, 끊임없이 새로워지는 감각을 통해 느낍니다. 매 순간은 탄생의 순간이며, 더없이 천진하고 경이로운 순간입니다.

실습 20

- 아랫배의 고요를, 마음보다 먼저 있는(그러면서 어디에나 있는) 그 고요를 느껴 보십시오. 고요는 부재(不在)의 현존(現存)임을 알아차리십시오. 생각이 있을지 모르지만, 큰 고요는 그 자체로 생각의 부재입니다. 느낌과 감각이 있을지 모르지만, 큰 고요는 그 자체로 느낌과 감각의 부재입니다. 소리가 있을지 모르지만, 큰 고요는 그 자체로 소리의 부재입니다.
- 이런 부재, 이런 텅 빔은 현존으로 가득하며, 경이로움과

경외감으로 가득합니다. 이 부재의 생생한 현존을 직관으로 느껴 보십시오. 두려워하지 마십시오. 이런 큰 부재는 그 자체로 무한한 잠재력이기 때문입니다. 그것이 모든 것의 참된 근원입니다.

● 이 모름이 당신 안에서 당신으로서 눈뜰 때까지 모름의 큰 자궁 안에 머무르십시오.

● 당신 **존재의 바탕** 안에서 당신은 이 부재(자아의 부재, 다른 것의 부재, 시간의 부재, 슬픔의 부재, 불안의 부재)의 빛나는 현존임을 알아차리십시오.

● 이 큰 부재는 또한 전적인 현존, **존재**의 시간을 초월한 전적인 자유임을 알아차리십시오.

● 자기 안을 들여다볼 때 당신은 자신이 아무것도 아님(nothingness)과 어떤 것임(something-ness)의 너머에 있음을 발견합니다. 그렇다는 것을 알아차리십시오. 당신은 마음이 설명하거나 상상할 수 없는 것입니다. 이것은 그 자체로 큰 해방이며, 천진함의 회복이자 재발견입니다. 이 자유 안에 쉬면서 편안하십시오.

21
무(無)로부터 모든 것,
그리고 그 너머까지

신적 바탕은 우리 존재의 근원입니다. 그것은 모든 것을 초월하며, (14세기 그리스도교 신학자이자 신비가인 마이스터 에크하르트의 말을 빌리면) '알지 못하는 앎'입니다. 신적 바탕은 3가지 면에서 우리가 알수 없습니다. 첫째, 그것은 본체(noumenon)이므로 모든 감각 지각을 넘어섭니다. 둘째, 그것은 우리의 본성이므로 그것과 별개로는 됨(생성)이 일어나지 않으며, 따라서 그것은 지각의 대상이 될 수 없습니다. 셋째, 신적 바탕은 자기성찰 의식이 일어나기 이전입니다.

모든 것의 근원인 신적 바탕은 일반적으로 자기를 모든 현상의 총체로서만 알 수 있습니다. 현상 세계는 신적 바탕의 창조성이 무한히 표현된 것입니다. 신적 바탕이 우리의 본성임을 아는 것은 곧 모든 현상이 우리와 같은 본성을 공유함을 아는 것이며, 우리 모두가 무한한 **존재의 바탕**의 표현임을 아는 것입니다.

이는 우리의 인간성을 부정하는 게 아니고, 모든 존재의 엄청난 다양성과 독특함을 부정하는 게 아닙니다. 그것은 존재의 근본적 하나임의 표현입니다. 이것은 존재와 사물의 굉장한 번성과 다양성으로서 자기를 표현하는 하나임입니다. 우리는 자아의식이 생겨나면서 자신의 독특함과 거짓 자아 즉 에고에 너무나 매혹당하고 동일시하게 되어, 모든 존재와 공유하는 우리의 본성인 **신적 바탕**을 점점 더 보지 못하게 됩니다.

알지 못하는 앎이란 우리가 그것에 눈을 뜨면, 공유하는 본성을 모든 생명과의 지극한 친밀함으로서 지각하고 경험한다는 의미의 앎입니다. 알지 못하는 앎이란 또한 **신적 바탕**이 자기를 현상 세계 전체나 앎 자체로서 아는 것이 아니라, 기본적으로 상상할 수도 없는 순수한 잠재력("그것이 안다." 말고는 그것에 관해 아무것도 말하거나 상상할 수 없는)으로서 알게 된다는 의미의 앎입니다. 이 알지 못하는 앎을 아는 것은 본체 너머에 있되 그 안에 있고, 현상들 너머에 있되 그와 함께하는 자기 자신을 아는 것입니다. 무(無)로부터 모든 것, 그리고 그 너머까지 포함하는 이 알지 못하는 앎을 알고 사는 것은 말로 표현할 수 없습니다. 큰 놀라움과 경외심 속에서 사는 것이라고 말하는 것 말고는.

실습 21

● 당신이 존재를 직접 경험할 때, 그 주관적 경험에는 당신의 눈을 통해 내다보는 사람이나 어떤 것이 없다는 것을 알아차리십시오. 아무것도 없는 깨어 있는 공간이 내다보고 있을 뿐입니다. 그것은 공(空)의 눈입니다.

● 눈을 감고 그 안의 어둠을 볼 때, 어떤 것도 없고 바라보는 사람도 없음을 알아차리십시오. 오직 바라봄만 있습니다. 열리고 텅 빈 앎만 있습니다. 두려워하지 마십시오. 당신은 자기의 본성을 만나고 있습니다.

● 당신이 지금 평온하고 아주 고요하다면, 깊이 귀 기울일 때 고요한 경험의 깊은 곳에서 일어나는, 알려지지 않고 탐험되지 않은 커다란 공간 같은 내면의 신비감을 알아차릴 수도 있습니다. 이 알려지지 않은 차원은 광대하고 무한한 공(空), 불가해한 신비로운 영역처럼 느껴집니다. 그것은 아무리 노력해도 이

해할 수 없으며, 어떤 협상도 받아들이지 않습니다. 모든 지식을 버려야 합니다. 그것이 당신을 받아들일 수 있으려면, 당신은 태어나기 전에 그랬던 것처럼 노력과 의지, 자아가 없어져야 합니다. 오직 벌거벗은 순수한 가슴만이 이 형상 없고 벌거벗은 **바탕**을, 신들과 의식 있는 존재들이 태어나는 그곳을 만납니다.

• 두려워하지 마십시오. 왜냐하면 이 **바탕**은 다름 아닌 당신의 가장 깊은 **존재**이기 때문입니다. 그것은 영원의 눈과 귀이며, 알 수 없고 가늠할 수 없는 당신 **존재의 바탕**입니다.

• 자아를 위한 추구, 자아에 관한 관심이 모두 사라지면, 무한이 새로 태어나 당신 안에서 눈을 뜹니다. 처음에는 밤하늘의 번갯불처럼 짧은 순간뿐이지만, 나중에는 몇 시간, 며칠, 몇 주 동안, 그리고 더 나중에는 모든 삶의 경험이 오고 가는 내내 신적 **바탕**이 깨어 있을 것입니다.

• 당신은 실재로부터 바라보는 것만큼 실재를 바라보지는 않는다는 것을 기억하십시오.

• 실재로부터 보면 **신적 바탕**은 삶을 하나의 끊임없는 전체로 보고, 시간과 공간이 태어나는 무한한 잠재력의 상상할 수 없는 창조적이고 파괴적인 변성으로 봅니다. 무(無)로부터 모든 것, 그리고 그 너머까지 온 우주는 잠재력의 무한히 작은 하나

의 섬광이며, 당신은 자기를 알게 되는 그 잠재력입니다. 알고 보면 이 모든 것은 믿을 수 없을 만큼 단순하고 놀랍습니다.

4부

깨달은 상대성과 존재의 역설:
통찰을 일상생활에 통합하기

마지막으로 소개하는 4부의 실습에서는 깨달은 상대성과 존재의 역설을 탐구합니다. 깨달은 상대성이란 상호연관된 우연성의 상대적 세계를 (내가 존재라고 부르는) 신적 원리의 현현으로서 보고 경험하는 능력을 말합니다. 깨달은 상대성에는 존재의 역설도 담겨 있는데, 그것은 절대적 관점과 상대적 관점이 치우침 없이 서로 연결되어 있음을 가리킵니다.

절대적 관점에서는 우리의 본성이 늘 이미 완전하고 온전하며 변함없이 순수합니다. 하지만 상대적인 인간의 관점에서는 우리가 늘 변하며 발전합니다. 깨달은 상대성은 치우침이 없고, 상대적 관점과 절대적 관점 중 어느 한쪽을 더 좋아하지 않습니다. 왜냐하면 그 둘은 깨달은 지각의 하나의 관점을 묘사하는 두 가지 방식이기 때문입니다. 왼발이 오른발보다 중요하지는 않은 것처럼, 어느 한쪽이 다른 것보다 더 중요하거나 덜 중요하다고 판단되지 않습니다. 원한다면 한 발로 깡충깡충 뛰어다닐 수 있겠지만, 두 발로 편히 걷는 편이 더 좋지 않을까요?

영적 통찰은 우리의 인간성과 일상생활, 관계에 체화할 수 있는 만큼만 우리 인간의 삶에 의의가 있습니다. 깨달은 상대성의 관점에는 이런 이해가 담겨 있습니다. 만약 영적 깨어남이란 어떤 강렬한 경험을 하는 것이고, 이 경험을 주머니에 넣은 뒤 영적 성취감을 느끼며 사는 것이라고 생각한다면, 깨어남을 일종의 영적 유물론과 자아중심적 정체성으로 변질시킨 것입니다. 매우 흔한 이런 태도는 진정으로 깨어난 삶을 사는 데 큰 걸림돌이 됩니다.

심오한 진짜 영적 깨어남은 쉼 없이 추구하는 구도자의 끝을 나타내며, 또한 우리의 통찰을 우리의 인간성에, 모든 생명과의 관계에 체화하는 여정의 시작을 나타냅니다. 깨어난 관점에서는 이런 일이 불안이나 불완전하다는 느낌 없이 이루어질 수 있습니다. 그것은 무한함을 인간의 삶에 체화하는 우리의 인간 능력이 한계 없이 펼쳐지며 나타나는 것입니다. 이 과정은 끝이 없으므로, 선불교에서 말하듯이 "불완전함을 염려하지 않으며", 성취나 최종 목표를 향한 자아중심적 지향이 없습니다. 우리는 절대적 **바탕** 안에서 이미 늘 완전한 **붓다**이며, 인간적인 표현으로는 끊임없이 붓다가 되고 있습니다.

4부의 각 장에서는 가장 깊은 통찰, 혹은 당신이 소중히 여기는 삶의 이해나 가치를 체화하는 길을 탐구합니다. 이런 실습을 할 때는 달성할 목표나 도달해야 할 영적 결승점 같은 것은 없다는 점을 기억하십시오. 우리는 모든 존재를 유익하게 하는 영적 통찰과 경험에 동반되는 지혜, 사랑, 전체임을 체화하려 노력하고 있습니다. 나는 그보다 더 의미 있는 삶의 지향을 생각할 수 없습니다.

깨어난 관점의 다음 세 측면을 기억하십시오.

깨어난 앎,

깨어난 가슴,

깨어난 존재의 바탕

이것은 깨달은 지각의 하나의 관점의 세 측면입니다. 이 하나의 관점은 매우 광대하고 모든 것을 포함하므로 어떤 고정된 관점에 치우친 선입견이 없습니다. 하지만 그것은 주어진 삶의 상황에서 지혜가 작동하는 데 필요한 관점이라면 무엇이든 수용할 수 있습니다.

존재의 바탕은 의미와 목적을 완전히 초월할 수 있지만, 그 바탕의 개인적인 표현은 의미의 프리즘을 통해 방향이 주어지고 세계를 지향합니다. 존재의 바탕이 개인을 통해 어떻게 작용하는지 알게 될 때, 우리는 통찰을 일상생활에 통합하게 해 주고 그렇게 하도록 도전하기도 하는 영적 자율성을 어느 정도 발견합니다. 불교에서는 그것을 '(자기 내면의 — 옮긴이) 유일한 의자에 앉아 있기'라고 합니다.

22
경험과의 관계를 책임지기

'유일한 의자에 앉아 있기'라는 말이 의미하는 것을 실습해 봅시다. 사실, 4부의 많은 실습이 이것과 연관됩니다. '유일한 의자에 앉아 있기'는 자기 경험과의 관계를 완전히 책임지는 것으로 시작합니다. 여기서 '자기의 경험을 책임진다'고 말하지 않은 이유는 우리가 경험을 만들어 내는 것이 아니라, 경험이 우리에게 일어나기 때문입니다. 우리가 그 경험에 어떻게 반응하는지에 따라 우리가 선택하는 행위와 우리가 책임져야 할 것이 정해집니다. 거기에 우리의 자유가 있습니다.

우리는 다음에 어떤 경험이 일어나도록 지시할 수 없고, 어떤 생각이 일어날지조차 지시할 수 없지만, 어떤 경험이 일어나든 그 경험과 자신의 관계는 의식할 수 있습니다. 그러므로 자신이 느끼는 감정이나 기분에 대해 자신을 비난하는 행위를 책임지는 행위로 오해하지 않는 게 중요합니다. 또 어떤 순간에든 자신이 느끼는 감정이나 기분 때문에 다른 사람을 비난하는 것도 마찬가지입니다. 책임진다는 것은 자신이 느끼는 감정이나 기분에 대해 자신을 비롯해 누구도 비난하지 않고, 그 대신 어떤 순간에든 자신이 느끼는 감정이나 기분은 대부분 그 순간과 자신의 관계, 그 순간의 경험과 자신의 관계로 결정된다는 것을 알아차린다는 의미입니다. 대다수 사람에게 이것은 혁명적인 삶의 방식이지만, 매 순간 자유와 연결되어 있음을 경험하고 싶은 사람에게는 이것이 유일한 삶의 길입니다.

여기서 '직접적인 길' 실습은 우선 의식하는 것입니다. 무엇을 경험하든 그것을 알아차리고, 자신의 환경에 대해, 어떤 상황에 대해, 어떤 난제에 대해, 어떤 대화에 대해, 혹은 자기 생각과 관계하는 방식에 대해 느끼는 감정과 기분을 알아차리십시오. 어떤 면에서는 당신의 거의 모든 경험이 당신'에게' 일어난다는 것을 알아차리십시오. 그것들은 그저 일어납니다. 대다수 생각도 마찬가지입니다. 그것들은 그저 일어납니다. 당신은 어떤 생각을 하겠다고 결정하는 일에 관해 생각하겠다고 결정하지 않습니다. 생각이 일어나고, 느낌이 일어납니다.

나는 지금 일어나는 것을 당신이 책임져야 한다고 말하는 게 아닙니다. 우리는 지금 자신의 경험과 관계하는 방식을 책임진다는 것이 어떤 의미인지를 살펴보고 있습니다. 가장 중요한 것은 자신이 경험하는 것에 대해 자신을 탓하지 않고 아무도 탓하지 않는 것입니다. 그것은 마음의 큰 변화입니다. 자신의 경험을 살펴보기 시작하면, 어떤 경험과 자신의 관계(예를 들어, 어떤 사람이 자신에게 한 말과의 관계, 하루 중 어떤 상황과의 관계)가 다음에 일어나는 경험을 상당 부분 결정한다는 것을 알게 될 것입니다. 다시 말해, 현재 경험과의 관계가 다음에 벌어지는 일을 결정합니다. 그것은 투사를 제거하거나 거둬들이는 방법입니다. 그러면 우리는 자신이 느끼는 감정이나 기분을 다른 사람의 책임으로 돌리지 않고 삶의 책임으로 돌리지 않게 됩니다. 그 대신 우리가 어떤 순간을 어떻게 느낄지 결정하는 것은 그 순간과 자신의 관계임을 알아차립니다.

실습 22

● 오늘, 일어난 경험과 자신의 관계, 심지어 자기 마음과의 관계가 자기 존재의 질을 어떻게 결정하는지를 그저 알아차리

십시오.

• 경험과 자신의 관계가 어떻게 변할 수 있는지를 주의 깊게 살펴보십시오. 당신은 화가 나서 마음이 시속 100킬로로 질주할 수도 있고, 아니면 그냥 인정할 수도 있습니다. "그래, 내 마음이 지금 질주하고 있어. 거기에 저항해야 하나? 나 자신을 판단해야만 하나? 내 마음을 판단해야만 하나? 나 자신을 판단하지 않으면 어떻게 되지? 내 마음을 판단하지 않으면 어떻게 되지? 내 마음에 저항하지 않으면 어떻게 되지?" 그렇게 할 때 경험이 어떻게 변하는지 알아차리십시오.

• 오늘 두려움이나 불안을 조금 느낄 때도 똑같은 방식으로 살펴볼 수 있습니다. 두려움이나 불안에 너무 집중하지 말고, 그 감정과 자신의 관계를 알아차리고, 그 관계가 다음 순간의 질을 결정한다는 것을 알아차리십시오.

• 이 실습에서 제안하는 것은 어디에 집중할지를 선택하는 것입니다. 즉, 자신과 남들에 대한 부정적 판단을 내려놓고, 당신이 느끼는 감정이나 기분에 대해 자신이 비난받아야 한다거나 남들이 비난받아야 한다는 생각을 내려놓는 데에 집중합니다. 설령 다른 사람이 자신을 비난하더라도, 자신이 그 비난에 어떤 반응을 보이는지, 그 비난과 어떻게 관계하는지가 자신의

다음 경험을 결정한다는 것을 알아차리십시오.

● 판단을 자제할 수 있는지 보십시오. 경험을 통제하려는 시도를 내려놓고, 경험이 펼쳐지게 허용하십시오. "어떻게 하면 이 경험과 더 사이좋은 관계가 될 수 있을까? 어떻게 하면 이 순간과 더 부드럽게, 더 의식하며, 더 친절하게 관계할 수 있을까?"라고 스스로 물을 수도 있습니다. 그러면 어떤 효과가 있는지 보십시오.

● 온종일 이렇게 하면, 하루를 마칠 무렵에는 아마 자신의 경험이 변했다는 것을 알게 될 것입니다. 상상하지 못한 놀라운 방식으로 경험이 변할 때도 많을 것입니다. 만약 스스로 책임진다면, 만약 "이 순간과 나의 관계는 무엇이지?"라고 묻고 경험이 변할 수 있음을 알게 되면, 삶과의 관계가 이전과 달라질 수 있음을 깨달을 것입니다. 더 사이좋고 너그럽고 자비롭게 삶과 관계하기를 '선택하면' 당신의 경험이 변합니다. 이 실습은 대단히 효과가 좋고, 놀라울 정도로 마음을 활짝 열어 줍니다.

23

현존에 뿌리내리기

순간의 경험과의 관계를 감정적으로 책임지는 앞 장의 실습은 (특히 처음 할 때는) 에너지와 집중이 필요합니다. 그리고 그로 인해 깨어난 현존, 깨어난 의식을 가로막는 장애물이 제거되기 시작하면 강력한 힘이 발현될 수 있습니다. 그것은 감정, 지성, 에너지의 경로를 여는 것으로 여겨질 수 있으며, 그 경로를 통해 더욱 의식하는 상태가 당신 안에서, 당신을 통해 움직일 수 있고, 당신에 의해 체현될 수 있습니다.

이제 단순해 보이는 방법을 제시할 텐데, 그것은 단순하지만 강력한 효과를 발휘할 수 있습니다. 이 실습에서 우리는 조금 덜 힘들어 보이면서도 효과는 강력한 것으로 돌아가는데, 그것은 '현존의 경험에 뿌리내리기'입니다. 늘 이미 깨어 있는 상태를 알아차리는 것은 현존을, 그 미묘한 존재감을 경험하는 것이기도 합니다.

우리 모두는 이른바 에너지 몸이 있으며, 더 현존할수록 이 미묘한 생동감을 더 많이 느낍니다. 바로 지금 참으로 현존하게 되면(현존하려고 긴장하거나 노력하지 말고, 그저 모든 감각을 열고 이완하여 더욱 열린 존재 상태로 들어갑니다), 미묘한 현존감을 느낄 것입니다.

현존 수행은 기독교, 이슬람, 불교, 힌두교 등 다양한 영적 전통에 수천 년 동안 있었습니다. 현존 수행은 미묘한 몸의 에너지 경로를 활짝 열 수 있으며, 그 경로를 통해 깨어난 의식이 스스로 드러나고 흐르고 체현될 수 있습니다. 이렇게 할 때 우리는 체현을 본능적 수준, 운동 감각 수준으로 정제하고 있습니다. 우리는 이전 실습처럼 마음을 다루지 않으며, 현존감을 통해 미묘한 몸과 상호 작용하는 직접적인 길로써 미묘한 몸으로 내려갑니다.

기억하세요, 이렇게 귀 기울이고 느끼는 열린 상태일 때, '늘 이미' 있는 앎의 상태로 편히 쉴 때, 거기에 현존감이 있습니다. 현존은 당신의 미묘한 몸이 다가갈 수 있고 열려 있고 알아차릴 때 느껴지는 감각입니다. 현존에는 침묵도 있습니다. 현존에는 고요한 성질이 있기 때문입니다. 에너지 몸이 현존과 동조되게 하는 것은 앎, 의식, 존재를 더욱 체현된 상태로 가져오는 강력한 방법입니다.

현존이 좋은 점은 우리가 언제든지 현존과 연결될 수 있다는 것입니다. 현존은 고요하지만, 당신은 현존과 동조될 수 있습니다. 어떤 사람들에게는 그것이 고요한 침묵의 느낌으로 시작됩니다. 당신이 5초 동안 침묵할 때, 그것은 단순한 침묵이 아닙니다. 그 침묵에는 운동 감각의 성질이 있으며, 어떤 느낌이 있는데, 바로 그 느낌이 현존입니다. 계속 실습하면 거의 원하는 대로 현존과 연결될 수 있습니다. 처음에는 좀 의도적으로 해야 합니다. 이따금 생각에 빠져 있거나 감정에 휩쓸릴 때는 현존을 찾을 수 없다고 느낄 수 있지만, 언제든 어떤 상황에서든 현존과 연결될 수 있습니다. 감정이나 기분과 상관없이 미묘한 몸의 에너지 경로를 열 수 있고, 그 경로를 통해 깨어난 앎과 의식, 그리고 존재의 경험이 스스로 드러나고 당신의 인간성으로 체화될 수 있습니다.

4부의 실습들은 내가 '통찰의 인간화'라고 부르는 것에 초점을 맞춥니다. 깊은 통찰이 일어날 때는 항상 몸이라는 요소가 있으며, 그것은 항상 몸과 마음이 노래하는, 딱 알맞게 종을 치는 것

같은 '아하!' 순간입니다. 그러나 나중에는 통찰이 추상적인 것으로 변할 수 있습니다. 우리는 자신의 통찰이 지적으로 추상화된 경험으로 희미해지지 않기를 바라며, 통찰이 우리 안에 뿌리내리고 살아 있기를 바랍니다. 이 때문에 통찰을 인간화할 필요가 있으며, 그렇게 하는 방법은 통찰을 체화하고 현존에 뿌리내리는 것입니다. 이 실습에서는 존재의 운동 감각적 경험을 이용하여 통찰을 인간화하고 체화하며, 우리가 귀중히 여기는 것을 체화합니다.

실습 23

● 하루 종일, 산만하지 않을 때마다 최대한 많이 현존과 연결됩니다.

● 미묘한 몸 안에서 현존을 느끼십시오. 느끼고 또 느끼십시오. 감지하고 또 감지하십시오. 그것을 붙잡으려 하지 않고, 그것을 더 일으키려 하지 않으며, 지금 여기에 현존이 있음을 알아차리기만 합니다.

● 현존을 더 자주 느낄수록, 현존을 더 많이 확인할수록 현존감이 더 커질 것입니다. 삶에서 거의 모든 것이 그렇듯이, 현존

에 더 많은 주의를 기울일수록 현존은 점점 더 분명해집니다.

● 이것은 단순한 실습이지만(그것이 장점입니다) 즐거운 실습이기도 합니다. 현존은 기분 좋게 느껴집니다. 현존은 당신이 몸 안에 자리 잡게 하고, 인간성 안에 자리 잡게 합니다. 시간을 내어 이 현존 실습을 즐겨 보십시오.

24
진실을 말하기

이제 즐거운 실습으로부터, 조금 더 힘들겠지만 새롭게 눈이 뜨이게 하는 실습으로 넘어가 봅시다!

　마음의 몸과 감정적 몸에 관한 한, 우리는 생각하고 싶지 않고 느끼고 싶지 않은 것이 아닙니다. 생각과 느낌은 아무 문제가 없습니다. 그러나 우리가 생각이나 느낌에 갇히거나 집착하면 문제가 됩니다. 가장 깊은 통찰을 인간화하고 자신의 인간성으로 체화하려 한다면 그것은 놀라운 여정일 수 있지만, 그 길을 가는 동안 이른바 자기 '저항의 거점들'을 직면할 수 있습니다. 그런 저항의 거점들은 자기가 기꺼이 발전하고 변화되고 더 높고 깊은 의식 상태의 표현이 되려 하는지를 확신하지 못하는 당신 자신의 부분들입니다. 통찰의 체화는 영성의 핵심입니다.

이제는 이것을 실현할 때이며, 이 장에서는 이 주제를 다룹니다.

체화에 관한 가르침은 여러 면에서 모든 영적 가르침 중 가장 도전적인 것입니다. 그것이 어려울 수밖에 없다는 뜻은 아닙니다. 우리가 경험하는 어려움은 자신이 저항하는 정도에 정비례합니다. 우리가 저항하지 않으면 체화의 여정은 흥미로운 모험이 됩니다. 당신은 인간이므로 완벽히 체화하지는 못할 것입니다. 깨어남이란 완벽히 체화하는 것이 아니며, 당신은 완벽해지기 위해 여기에 있는 것도 아닙니다. 완벽함은 우리가 내려놓아야 할 것 중 하나입니다. 왜냐하면 완벽함이라는 관념으로 인해 진실에서 벗어날 수 있기 때문입니다. 그것은 영적 성격 유형의 에고 고착으로서 깨달음과 거리가 멀고 불필요한 혼란을 많이 일으킵니다.

이 실습에서 우리는 진실을 탐구합니다. 이 책에서는 가끔 당신 존재의 진실이라는 말로 진실에 관해 얘기했습니다. 즉, 당신은 생각, 견해, 느낌이 아니며, 그런 생각과 견해를 아는 '앎'이라는 진실을 말했습니다. 이제는 진실이라는 말을 인간적인 방식으로 사용하고자 합니다. 다시 말해, '진실'을 말할 때 절대적인, 확대된 영적 의미가 아니라, 정직함과 진솔함의 의미로 사용할 것입니다. 진실이 무엇이든 우리는 진실을 체화하기를 원합니다. 그리고 우리가 가장 귀중히 여기는 것을 체화하기를 원합니다. 이것이 진실을 인간화한다는 의미입니다.

내 말을 오해하지 않기를 바랍니다. 나는 당신이 자기의 진실을 주장해야 한다고 말하는 것이 아니며, 자기에게 진실하고 정직하고 진솔해 보이는 것이라면 다른 사람들도 모두 가져야 하는 절대 가치가 있다고 생각해야 한다고 말하는 것도 아닙니다. 그것은 진실이 아닙니다. 자기의 진실을 절대적인 진실이라고 여기는 것은 환상입니다. 그럼에도 불구하고 정직하고 진솔하게 진실을 말하는 것은 깨어난 삶을 사는 것의 중요한 부분입니다. 우리는 모두 정직하게 말하는 건 괜찮지 않다고, 진솔한 건 괜찮지 않다고, 있는 그대로의 자신으로 존재하는 건 괜찮지 않다고 배워 왔습니다. 하지만 우리가 진실하지 않다면, 정직하지 않다면, 진솔하지 않다면, 어떻게 깨어난 삶을 살 수 있겠습니까?

솔직히 말씀드리면, 이것은 작지만 까다로운 그런 실습 중 하나입니다. 왜냐하면 별것 아닌 것 같지만, 실제로 실천하려 해 보면 "와, 이거 꽤 힘든데?" 하고 느끼게 되기 때문입니다. 이 실습은 짐작한 것보다 힘들 수 있지만, 상상할 수 있다고 생각한 것보다 훨씬 많은 것을 보여 줄 수 있습니다.

실습 24

● 항상 진실을 말하십시오. 오늘 진실을 말하십시오. 늘 정직
하고 진솔하고 진실하십시오. 만약 이런 태도에 주의를 기울이
고 계속 실천하면, 자신은 진실하고 정직하다고 생각하지만 교
묘하게 진실을 가리고, 진실을 왜곡하고, 전략적 이익을 위해
(원하는 것을 얻고, 비난이나 반대를 피하고, 다른 어떤 목적을
위해) 무의식적으로 진실을 조작하기까지 하는 때가 있음을 알
게 될 것입니다.

● 이제 당신은 두려움을 받아들일 것입니다. 진실함에 대한,
정직함에 대한, 진솔함에 대한 두려움을……

● 오늘 사람들과 얘기할 때마다 진실을 말해 보십시오. 무자
비하게 진실만을 말해야 한다는 뜻은 아닙니다. 자기의 진실을
표현할 수 있는 여러 방법이 있습니다. 여러 어조, 여러 단어 선
택, 정직하고 진솔할 수 있는 여러 방법이 있습니다. 당신은 자
기의 진실을 다른 사람에게 강요하려 하지 않습니다. 하루 동안
진실하고 정직하려 할 뿐입니다.

● 다른 사람과 관계할 때만이 아니라 자기에게도 진실해야 한다는 것을 잊지 마십시오. 그것은 쉽지 않은 일입니다! 그리고 짐작보다 큰 일입니다. 자신에게 정직하기는 몹시 힘든 일입니다. 많은 노력이 필요하며, 특히 이렇게 해 본 적이 거의 없거나, 진실 말하기를 이런 식으로 생각해 본 적이 없는 사람에게는 더욱 그렇습니다.

● 자기에게 진실을 말할 수 있습니까? 때로는 무엇이 진실인지를 당신이 모른다는 것이 진실입니다. 내가 진실을 정직함, 진솔함과 동의어로 제시하는 것은 이 때문입니다. 만약 당신이 지금 무엇이 진실인지를 모른다면, 그렇다는 사실에 정직할 수 있습니까?

● 자기 자신에게 진실할 수 있습니까?

● 자기에게 진솔할 수 있습니까? 진솔하다는 것은 무슨 뜻입니까? 내가 말해 줄 수는 없습니다. 그것은 당신이 살면서 물어야 하는 질문이지만, 오늘 그것을 실천해 보십시오.

● 진솔함을 실천하는 동안, 우리가 마음과 몸(감정의 몸과 미묘한 몸)에 길들을 열고 있음을 기억하십시오. 이 길들을 통해 통찰이 우리 안으로 들어오고 인간성에 체화된 뒤, 시공간의 세계에서 작용할 수 있습니다. 이것이 영적 깨어남입니다. 이것이

깨달음입니다. 깨달음은 거창한 경험을 하는 것이 아닙니다. 깨달음은 과정의 일부이며, 그런 경험들은 삶을 변화시킬 수 있지만, 어느 시점에는 결국 이런 물음에 이르게 됩니다. "내가 깨달은 것을 인간화한다는 것은 무슨 의미인가?" "나의 깨달음이 인간화된 모습은 어떤 것인가?"

● 이 실습에서는 깨달음 자체가 진실함, 진솔함, 정직함과 동의어입니다. 오늘 하루 내내 진실을 말해 보십시오. 정직하십시오, 참되십시오, 진솔하십시오. 다른 사람에게만이 아니라 자기 자신 안에서도, 그리고 자기 마음속 대화에서도 그리하십시오. 이렇게 진실하면 상상하지 못한 것들까지 드러난다는 것을 깨닫게 될 것입니다.

25
먼저 가슴을 열기

앞 장에서 한 진실 말하기, 정직함, 진솔함 실습은 새롭게 눈이 뜨이는 경험입니다. 그것은 마치 온종일 거울을 앞에 두고 있는 것 같아서, 그동안 줄곧 보이지 않던 모습이 드러납니다. 이 실습은 원할 때마다 할 수 있으므로 되도록 자주 하기를 권합니다. 시간이 지나면서 진실함, 정직함, 진솔함이 우리 삶의 모든 면을 깊게 변혁할 수 있습니다. 물론, 많은 장벽을 통과해야 하고 여러 층의 두려움, 불안, 의심을 통과해야 합니다. 그것은 내면의 장애를 극복하며 나아가는 과정의 일부입니다. 결국, 진실이 경험, 행위, 생각을 더 좋게 만듭니다. 왜냐하면 우리가 더 진솔하고 정직하게 살아가게 되기 때문입니다. 그런 지점에 도달하는 길이 항상 편하지는 않지만, 진실함의 결과는 상상 이상으로 강력합니다.

사랑이 없는 진실은 가혹할 수 있습니다. 그래서 깊은 진실 말하기 실습을 다른 실습과 병행하도록 권하는데, 좀더 쉬울지 모르지만 변화시키는 힘은 그에 못지않은 이 실습을 나는 '먼저 가슴을 열기' 실습이라고 부릅니다. 당신은 깊은 진실들을 깨달을 수 있지만, 가슴 센터가 깨어나지 못하고 관여하지 않으면, 진실이 날카롭게 날이 선 채로 다가와서 우리가 회피할지도 모릅니다. 사랑 없는 진실은, 설령 진실하더라도, 불친절하거나 잔인할 수 있습니다. 그래서 나는 진실을 다정함과 사랑으로 균형 잡히게 합니다.

다음번에 누군가를 만나면 (저녁 식사 자리에서 만난 가족이든, 길에서 만난 낯선 사람이든, 복도에서 만난 직장 동료든) 먼저 가슴을 열어 보십시오. 몸으로 돌아오십시오. 자신이 숨 쉬는 것을 잠시 느끼십시오. '늘 이미' 있는 앎이 작동하면서 내 말을 기억하고, 당신의 감정을 알고, 이 순간을 감지한다는 것을 알아차리십시오. 예수의 거룩한 심장을 그린 회화 작품들이 있습니다. 이 그림들에서 예수는 자기의 심장을 보여 주는데, 그는 흉부에 손을 넣어 연 뒤 그 한가운데 있는 크고 붉은 심장을 드러냅니다. 눈을 감고 상상해 보십시오. 당신이 자기의 흉부를 열어 심장을 드러내고, 자기의 사랑과 친절함을 드러내어 자신뿐 아니라 주위 사람들도 그것을 경험하게 하는 모습을……. 그렇게 하면 에너지 몸에서 미묘한 변화를 느낄 것입니다. 에너지 몸이 문처럼 활짝 열리고, 감정이 열리며 서로 연결되어 있음을 느끼게 될 것입니다.

이 실습이 망설여지거나 두려울지도 모릅니다. 당신은 매번 다른 감정을 만날 것입니다. 그러니 감정이 일어나게 허용하고, 그런 감정들에도 가슴을 여십시오. 두려움에 가슴을 열고, 불안에 가슴을 열고, 언제나 가슴을 방어해야 한다고 주장하는 낡은 생각 패턴에도 가슴을 여십시오. 이것이 중요합니다. 왜냐하면 항상 자기 가슴을 방어하려는 상태에 있으면 가슴에 해를 끼치기 때문입니다. 언제나 영적 가슴을 방어하려 하는 것은 좋지 않습니다. 영적 가슴은 강건하며 가장 큰 시련조차 감당할 수 있습니다.

먼저 가슴을 여는 이 실습을 처음 했을 때, 이런 방법이 저절로 떠올랐습니다. 나는 낯선 사람 곁을 지날 때마다 가슴의 수준에서 손을 뻗어 에너지 몸을 연다고 상상했습니다. 그러자 단순히 어떤 사람 곁을 지나가는 일이 마치 친밀한 만남처럼 다르게 느껴져서 깜짝 놀랐고, 그런 상상만으로 그렇게 큰 변화가 일어날 수 있다는 사실이 정말 놀라웠습니다. 가슴이 열려 있을 때, 감정이 열리고 먼저 가슴을 열 때, 당신이 사람들에게 말하는 방식이 변화됩니다. 어조가 바뀌고, 사용하는 말이 바뀌며, 의도하지 않아도 자연스럽게 그렇게 됩니다. 그것은 가슴의 수준에서 깨어난 앎을 인간화하는 또 하나의 길이며, 깨어난 앎을 체화하여 우리를 통해 흐르고 다시 우리에게 돌아오게 하는 길입니다. 우리의 가슴이 열리면, 아무 말 하지 않아도 남들도 가슴이 열리도록 고무하기 때문입니다.

실습 25

● 오늘 다른 사람과 마주칠 때마다 그 사람을 향해 걸어가는 동안, 손을 내밀어 에너지 몸을 열고 가슴을 연다고 상상해 보십시오. 몇 초면 그렇게 할 수 있습니다. 어떤 사람에게 다가갈 때, 마치 두 손으로 몸의 흉부를 열어 심장이 햇살처럼 사방으로 퍼지며 환히 빛나게 하는 것처럼 느끼면서 그런 모습을 상상해 보십시오.

● 어떤 사람을 그냥 만나는 게 아니라 이렇게 의도적으로 에너지 몸을 열면, 어떻게 그 사람을 가슴으로부터 감지하게 되는지 알아차리십시오. 때로는 미묘하게 느껴지고, 때로는 강력하

게 느껴지며, 때로는 아무 느낌도 없을 것입니다. 어떻게 느껴지든 염려하지 마십시오. 에너지 몸을 활짝 열고, 거룩한 심장을 드러내는 심상을 품은 뒤, 누구를 만나든 먼저 가슴으로 그 사람을 감지하십시오.

● 그렇게 하면 가슴의 직관이 발달하며, 사람들을 만날 때마다 머리가 아니라 가슴으로 이끌게 될 것입니다. 여전히 할 말을 하고 필요한 상호 작용을 하겠지만, 가슴으로 이끌며 그렇게 할 것입니다.

● 전혀 모르는 사람을 지나칠 때도 이 실습을 할 수 있습니다.

● 사물에 대해서도 이 실습을 할 수 있습니다. 나무, 꽃, 공을 대상으로 이 실습을 해 보십시오. 만나는 모든 사물을 대할 때 가슴으로 이끌 수 있습니다.

● 오늘은 이 실습만 해 보십시오. 에너지 몸을 활짝 열고, 가슴으로 이끌고, 사랑의 가슴과 그것이 만나는 모든 것을 느낄 때 가슴을 열고 드러내는 생생한 이미지를 떠올려 보십시오.

26
평화를 향해 돌아서기

지금까지 나는 이 책에서 가르침과 실습의 정수를 뽑아서 단순하게 만들려고 했습니다. 왜냐하면 20여 년 동안 사람들을 지도하면서, 영적 실습을 단순하게 만들면 그 단순함이 강력한 효과를 발휘하는 경향이 있음을 알게 되었기 때문입니다. 단순함은 에너지를 집중하고, 주의를 집중하고, 의도를 집중합니다. 그리고 그런 집중은 각 실습이 강력한 효과를 발휘하게 합니다. 이렇게 단순해진 실습과 가르침을 처음 읽을 때는 지나치게 단순해 보일지 모르지만, 이제는 이런 체화 실습이 겉보기처럼 간단하지는 않음을 아마 깨달았을 것입니다. 그 실습들은 겉으로는 단순해 보여도 실제로는 훨씬 깊은 곳을 열고 거기에 이를 수 있습니다.

'직접적인 길'에서 다음 실습은 내가 '평화를 향해 돌아서기'라고 부르는 것입니다. 오늘 다른 사람을 만나는 동안 이 알아차리는 실습을 해 보십시오. 자기 내면에서의 만남이나 자기 경험과의 만남에 대해서도 이 실습을 할 수 있지만, 다른 사람들을 만날 때도 이 실습을 해 보기 바랍니다.

우리는 모든 대화가 변하며 이리저리 방향을 바꾼다는 것을 압니다. 어떤 말이나 어조가 상호 작용의 방향을 바꿀 때가 많습니다. 이 실습에서 나는 당신이 어떤 상황에서든 평화를 향해 방향을 바꾸거나 돌아서는 것이 무엇을 의미하는지 알아차리기를 바랍니다. 갈등을 피하라는 말이 아닙니다. 이 실습은 무엇을 피하는 것이 아닙니다. 온종일 모든 일에 영적인 척, 평화로운 척 하는 게 아니라, 어느 순간에든 관계가 강물과 같음을 알아차리는 것입니다. 다른 사람과의 관계뿐 아니라 자기의 자아, 마음, 몸, 감정과의 관계가 강물과 같음을……. 관계는 한 방향으로만 움직이지 않습니다. 관계는 굽이쳐 흐르고, 왼쪽으로 흐르고, 오른쪽으로 흐르며, 좀더 세차게 흐르기도 하고, 졸졸 흐르기도 하고, 재미있기도 하고, 심각해지기도 하고, 돌아서 흐르기도 합니다.

만약 당신이 예민하고 주의를 기울인다면, 대화가 더 충돌하는 방향으로 갈 수 있는 변화와 지점을 알아차릴 것입니다. 그 순간 자신이 분개한다고, 공격적으로 변한다고 느끼기 시작할 수 있고, 자기 안으로 물러나기 시작할 수도 있습니다. 자아중심적 마음이 대화에서 목적을 이루기 위해(예를 들어, 상대가 자기의 말을 듣게 하거나 동의하게 하기 위해) 동원할 수 있는 방법은 많습니다. 두 사람이 대화할 때면 서로 자기가 말하려고, 상대가 말을 끝내기를 기다리는 경우가 많습니다. 대화가 밀물과 썰물처럼 자연스럽게 오고 가더라도, 자기가 다음에 하고 싶은 말에 관심이 쏠려 있으면, 상대의 말을 깊이 경청하지 않게 됩니다. 반면, 평화를 향해 돌아서는 것은 이렇게 말하는 것처럼 단순할 수 있습니다. "아, 더 깊이 경청하는 쪽으로, 현존하는 쪽으로, 상대의 말을 정말 이해하는 쪽으로 돌아서자."

대화가 조금 과열되기 시작하거나, 자기가 미묘하게 혹은 분명하게 결론을 조작하거나 통제하려 하는 걸 알아차리면, 이 실습을 해 보십시오. 그런 순간을 알아차릴 때는 마음속으로 이렇게 질문해 보십시오. "바로 지금 돌아선다는 것은 무엇을 의미하는 것일까?" 당신은 평화를 향해 돌아설 수도 있고, 어떤 자아중심적 집착을 향해 돌아설 수도 있습니다. 오늘은 단순히 남이든 자신이든 모든 만남에서 평화를 향해 돌아서는 것이 의미하는 바를 실습해 보십시오. 이렇게 하려면 정확히 어떻게 해야 하는지는 내가 말해 줄 수 없습니다. 하루 동안 우리가 경험하는 상황과 만남은 저마다 독특하기 때문입니다. 주의를 기울이고 있으면, 그런 순간들에 주어지는 작은 '돌아서는 지점'들과 선택의 기회들을 알아차리게 될 것입니다. 그러니 그저 평화를 향해 돌아서도록 최선을 다하십시오.

실습 26

● 오늘, '돌아서는 지점'들을 알아차리십시오. 내적으로 자기 자신과의 관계, 자기 경험과의 관계뿐 아니라, 외적으로 세상에 살면서 남들과 하는 상호 작용에서도 이 지점들을 알아차려 보십시오. 자신에게 물어보십시오. "내 존재 경험과 더 평화롭게 관계하면 어떤 느낌이 들까?" "남들에 대한 나의 경험, 남들의 감정과 더 평화롭게 관계하면 어떠할까?"

● 이 실습은 4부의 첫 실습인 실습 22 '경험과의 관계를 책임지기'로 돌아갑니다. '평화를 향해 돌아서기'는 그 실습의 다른 버전입니다. "내 존재 경험과 더 평화롭게 관계하면 어떤 느낌이 들까?" "남들에 대한 나의 경험, 남들의 감정과 더 평화롭게 관계하면 어떠할까?" 하루 동안 이런 식으로 생각하다 보면 새

롭게 선택할 수 있는 대안들이 떠오를 것입니다. 당신이 그동안 선택했던 방식보다 더 평화로운 방식들이 있음을 알게 될 것입니다.

● 이 경험, 이 순간, 이 대화와 더 평화롭게 관계하는 것은 어떤 것일까요? 이 질문으로 새로운 길들이 활짝 열립니다. 그 길들을 따라 의식하고 알아차리고 깨어난 선택들과 더 깊고 높은 의식 상태가 흐를 수 있습니다.

27
이해받으려 하기 전에
이해하려 하기

앞에서 우리는 평화를 향해 돌아섬으로써 상대를 이해하는 새로운 길들을 열었고, 이번 실습에서는 그 길들을 따라갈 것입니다. 이 실습은 사람들과 관계하고 자신과 관계하는 방식에 혁명을 일으킬 수 있는데, 많은 노력이 필요할 수도 있습니다. 이 실습은 "이해받으려 하기 전에 늘 이해하려 하십시오."라고 권하는 성 프란치스코의 기도문을 참고했습니다.[2] 이런 말을 들으면 "이해하려 하라고? 참 좋은 말이네."라고 생각할 수 있습니다. 하지만 쉽지 않은 도전이 요구되고 힘겨운 인간적 현실에 부닥치게 하는 것은 '이해받으려 하기 전에'라는 앞부분입니다. 우리는 누구나 사람들에게 이해받기를 원합니다. 우리는 이런저런 방식으로 이해받기를 추구할 때가 많은데, 이해받는 것이 치유하고 긍정하는 놀라운 경험일 수 있지만, 주의하지 않으면 미묘한 요구로, 때로는 노골적인 요구로 발전할 수 있습니다. 설령 지나치게 요구하거나 집요하게 말하지는 않더라도 우리는 상대를 이해하기 전에 먼저 이해받기를 요구하는 태도를 보일 수 있습니다.

어떤 관계에서든 항상 이해받기를 요구하는 사람들을 만난 적이 있습니다. 그들은 그런 식으로 세상에서 살아가는데, 그것은 그들의 자아중심적 성향입니다. 끊임없이 이해받으려 하면서 세상을 살아가는 사람은 당연히 항상 좌절하게 됩니다. 왜냐하면 남들이 늘 그들을 실망시키는 것 같고, 그 결과 그들은 제한된 존재 경험을 하기 때문입니다. 그러니 먼저, 자신이 이해받고 싶어 한다는 것을 인정해 보십시오. 그것은 삶의 일부이며 아무 잘못이 없기 때문입니다. 그런데 우리는 지금 통찰이 흐르는 통로를 활짝 열려고 하므로, 나는 사람들 안에서 흐름을 가로막는 경향이 있는 것들을 말하고자 합니다. 이해하려 하기 전에 이해받으려 하는 것은 그렇게 가로막는 것 중 하나이고, 그것을 제거하면 깨어난 의식이 잘 흐를 수 있습니다.

이해하기는 그 가치를 제대로 인정받지 못하고 있는 방법입니다. 세상이 매우 빠른 속도로 움직이고 사람들이 서로에게 귀기울일 시간을 내지 않는 것 같은 오늘날에는 특히 더 그렇습니다. 우리는 자기가 하는 모든 말을 남들이 경청해야 한다는 망상에 빠지기 쉽습니다. 사람들은 모든 것을 남들과 공유하고 자기 의견을 모든 사람에게 널리 알리고자 하는 자기애적 충동을 특히 소셜 미디어를 통해 실현합니다. 남들과 공유하지 말아야 한다거나 소셜 미디어를 사용하지 말아야 한다는 말이 아닙니다. 공유하려는 충동을 자주 부채질하는 심리학적 기반을 말하는 것입니다.

자기를 이해하는 데 가장 중요한 사람은 자기 자신입니다. 왜냐하면 당신이 자기를 이해하듯이 당신을 이해해 줄 사람은 아무도 없기 때문입니다. 당신이 자기를 깊이 이해할 때 일어나는 재미있는 일은, 남들에게 이해해 주기를 바라는 요구가 사라지기 시작한다는 것입니다. 그런 요구가 녹아 없어지는 것은 좋은 일입니다. 그러면 당신의 가슴이 열리고, 마음이 열리며, 삶이 더 즐거워지기 때문입니다. 이해받으면 치유가 일어날 수 있으며, 그런 이해는 우리가 이 실습에서 남들에게 제공하는 긍정의 일부입니다. 그것은 이해하고 싶은 욕구를 가장 중시하는, 그래서 단순히 이해받고 싶은 것만이 아니라 이해해 달라고 요구하고 심지어 강하게 요구하기까지 하는 우리의 일부를 제거합니다.

실습 27

● 오늘 하루, 누가 당신에게 무슨 말을 하든지 다 이해하고 싶은 마음으로 모든 사람을 만나 보십시오. 그는 식품점 직원일 수 있고, 직장 동료일 수 있고, 가족일 수 있으며, 다른 어떤 사람일 수도 있습니다. 이해하고 싶은 바람을 이해받고 싶은 바람보다 중시해 보십시오.

● 당신도 이해받을 수 있도록 최대한 정직하고 분명하게 열린 태도로 말해 보십시오. 하지만 오늘은 방향을 바꾸어 누구를 만나든 먼저 그 사람을 이해하려 해 보십시오. 그 사람이 무슨 말을 하는지, 왜 그런 말을 하는지, 그의 말이 그 사람과 관련이 있고 중요할 때 그가 어떤 마음 상태나 존재 상태일지 이해하려 해 보십시오. 그렇게 하면 내면의 에너지 통로가 열리며, 그 통로를 통해 당신의 이해가 흐를 수 있고, 당신의 통찰이 체화되고 인간화될 수 있습니다.

● 자기 자신과 만날 때마다, 남들과 만날 때마다 이해받으려하기 전에 이해하려 하겠다는 것을 기억하십시오. 그러면 많은 것을 알게 될 것입니다.

28
두려움을 넘어
진실과 사랑을 선택할 용기

'직접적인 길'의 다음 단계에서는 용기를 탐구합니다. 용기는 이제 그리 자주 듣지 못하는 단어 중 하나지만, 우리의 현대 세계에서도 용기는 반드시 필요합니다. 외적인 삶뿐 아니라 내면의 삶도 쉽지 않은 도전이 요구되기 때문입니다. 용기는 깨어난 성질입니다.

20세기의 위대한 인도 성자 라마나 마하리쉬는 깨달은 사람(구루 혹은 마스터)의 특징이 무엇이냐는 질문에 이렇게 대답했습니다. "참된 자기 안에 한결같이 머무르는 것, 모든 것을 평등한 눈으로 보는 것, 모든 곳, 모든 상황에서 항상 흔들리지 않는 용기입니다."[1] 그는 깨달음을 많은 방식으로 설명했는데, 이렇게 설명한 적은 거의 없습니다. 그래서 나는 깨달음을 흔들리지 않는 용기와 동등한 것으로 보는 그의 말에 주목했습니다. 그의 말은 깨달은 삶을 살려면, 구체적인 현실에서 깨어 있고 생기 넘치는 삶을 살려면, 용기가 필요하다는 뜻입니다.

우리가 용기를 내지 않고 피해 버리는 길은 많습니다. 그러나 때로는 진실을 말하기 위해 용기가 필요하고, 때로는 평화롭기 위해 용기가 필요하며, 때로는 사랑하기 위해 용기가 필요합니다. 용기는 '깨달은 상대성과 존재의 역설: 통찰을 일상생활에 통합하기'라는 이 마지막 4부의 실습들을 품고 있는 공기와 같습니다. 그 실습들은 모두 용기라는 요소가 필요하며 도전이 요구될 수 있습니다. 왜냐하면 그것들은 어떤 형태의 자아중심적 집착들을 느슨하게 하려 하기 때문입니다. 에고를 진짜 자기로 여기는 동일시에서 깨어난다고 해서 에고가 사라지는 것은 아닙니다. 평생 계속된 기능장애는 마법처럼 금방 에고에서 떨어져 나가지 못합니다. 어떤 장애는 곧 떨어져 나가고, 어떤 사람들에게는 많은 장애가 떨어져 나가지만, 우리가 주의를 기울여야 하는 장애들은 언제나 있습니다.

이 실습은 단순하고 구체적이지만 효과도 좋습니다. 통찰을 인간화하고 세상에 살면서 체화되게 하려면 용기가 필요합니다. 자신이 집착하는 곳을 알아차릴 때마다, 걸려 있는 지점을 알아차릴 때마다, 계속 붙잡고 있거나 지나치게 고집하거나 너

156

무 멀리 물러나는 곳을 알아차릴 때마다, 그런 곳을 직면하려면 용기가 필요합니다. 정직하려면 용기가 필요하고, 사랑하려면 용기가 필요하고, 다른 사람을 이해하려면 용기가 필요하고, 두려움을 넘어 사랑을 선택하려면 용기가 필요하며, 평화를 향해 돌아설 때도 용기가 필요합니다.

실습 28

● 하루 종일, 용기를 내야 하는 순간에 주의를 기울이십시오. 4부의 모든 실습처럼 이 실습은 당신의 존재 경험, 삶의 상황, 다른 사람들과의 상호 작용을 다루는 순간에 적용할 수 있습니다. 이 용기는 깨어난 존재 방식의 바탕에서 흐르고 있습니다.

● 자신에게 물어보십시오. 내 삶에서 좀더 용기를 내야 하는 곳은 어디인가? 아직 용기를 내지 못해 주저하는 곳은 어디인가?

● 자기 경험의 일부와 관계하는 방식이든, 다른 사람이나 위기, 삶의 상황과 관계하는 방식이든, 용기가 필요한 곳에 주의를 기울이십시오. 자기의 진실을 구현하거나 자기의 사랑을 구현하기 위해 조금 더 용기가 필요한 곳을 알아차리면, 한번 용

기를 내 보십시오.

● 우리는 두려움이 사라질 때까지 기다려야 한다거나 두려움을 없애는 과정을 거쳐야 한다는 생각에 집착할 때가 많습니다. 그러나 만약 두려움이 전혀 없기를 기다린다면, 영원히 기다려야 할 것입니다. 두려움이나 망설임의 순간이 언제 일어날지 알 수 없기 때문입니다. 두려움이 없어질 때까지 마냥 기다리는 대신, (무신경하거나 제멋대로 하는 방식이 아니라) 자각하면서 용기를 내기 시작하면, 어떤 일이 일어납니까?

● 자신의 방향을 바꾸면 "지금 내가 좀더 용기를 낸다는 것은 무슨 뜻일까?"라고 묻는 순간을 만나게 될 것입니다. 그 질문은 통찰과 가장 깊은 삶의 가치가 흐르고 체현되는 통로들을 활짝 열 수 있습니다. 자기가 용기를 내지 못하는 곳이 어디인지 알아차리고, 조금 더 용기를 내는 것이 구체적으로 무엇을 의미하는지 살펴보십시오.

● 통찰이 흐를 수 있도록 이런 통로들을 용기 있게 깨끗이 청소하는 것은 망설임, 의심, 혼란, 두려움을 직면하는 것을 의미합니다. 그렇게 하면 됩니다. 그것들은 피할 수 없습니다. 직면해야만 합니다. 이런 탐구를 하고 자신의 조건 지어진 상태를 직면하려면 용기가 필요합니다.

29
용서로 과거에서 해방되기

지금까지 한 '직접적인 길'의 28가지 실습은 통찰의 순간이, 나아가 깨어남의 순간이 일어나게 하려는 것입니다. 자신의 정체성이 이루어지는 방식 혹은 삶이 어떠하다고 생각하는 방식이라는 베일 너머를 볼 때 그런 일이 일어납니다. 그러려면 용기가 필요합니다. 그래서 28번째 실습만이 아니라 다른 실습을 할 때도 계속 다양한 정도의 용기를 수련한 것입니다.

용기를 내기, 이해하기, 자발적 의지, 정직, 진실 말하기 등 필요한 것이 많습니다. 하지만 그것이 깨어남 혹은 깨달음을 체화하고 인간화하는 길입니다. 그것은 결국 우리 내면에 통로를 열고, 우리가 집착하는 곳들을 간파하며, 우리의 의심과 망설임, 두려움, 혼란 등 이 모든 것을 다루는 것으로 귀결됩니다.

마지막 실습 몇 가지는 깊은 깨달음의 가르침처럼 보이지 않을 수 있지만, 깨어난 상태를 체화하는 데 도움이 되므로 심오한 실습들입니다.

결국 그것은 모든 사람이 다루어야만 하는 일들로 귀결됩니다. 심오한 통찰을 한 사람이 많지만, 그중 상당수는 기꺼이 통찰을 체화하려 하지 않으며, 핵심을 철저히 조사하여 자기의 인간성 안에 그 모든 통로를 열려 하지 않습니다. 깊은 통찰이나 인생을 바꾸는 경험을, 손에 쥐고 평생 바라보는 보석처럼 붙잡고 있는 게 훨씬 쉬워 보일 수 있습니다. 그것은 실제로 쉽지만, 결국에는 만족할 수 없습니다. 통찰대로 살지 않았고 통찰을 인간화하지 않았기 때문입니다.

이 실습들의 끝부분에 다다르면, '직접적인 길' 실습의 어느 단계에서든 장애물을 제거할 수 있는 실습이 있습니다. 그것은 용서입니다. 용서는 내려놓는 것입니다. 용서는 미움, 분노, 원한 등 통찰로 향하는 길을 방해하는 모든 장애물을 내려놓는 것입니다. 용서는 당신을 과거의 굴레에서 벗어나게 해 줍니다. 다른 사람을 용서하면 그들에게서 벗어납니다. 자신을 용서하면 과거에서 벗어납니다. 그러면 발전하고 성장할 수 있습니다. 용서하려면 겸손이 필요합니다. 우리는 모두 인간이며, 자신을 용서할 필요가 있는 일들을 저질렀습니다. 그런 행위를 저지른 자신을 너그럽게 용서할 때 우리는 과거에 의해 자신을 규정하는 행위를 멈출 수 있습니다. 그것은 가슴의 문제이며, 용기와 진실 말하기, 스스로 책임지는 태도가 필요합니다.

용서에 대한 오해가 많으므로 한 가지를 분명히 하고자 합니다. 용서는 망각하는 것이 아닙니다. 용서는 고통스러운 경험을 부정하는 것이 아닙니다. 용서는 아무것도 부정하지 않습니다. 용서는 어떤 것도 그냥 지나치거나 모르는 척 묻어 두는 것이 아닙니다. 일어난 일을 부정하지 않고 자신의 고통을 부정하지 않으면서도 그와 동시에 분노와 원한을 품지 않을 수 있다고 하면, 의아하게 생각하는 사람이 많을 것입니다. 분노와 원한을 품고 있으면 고통스러운 사건이 우리 안에 계속 살아 있게 됩니다. 다시 말해, 그런 감정을 내려놓지 않으면 우리는 그 사건을 계속 자신에게 가하게 됩니다.

내려놓기는 쉬워 보이지만, 만약 당신이 상처받고 부당한 대우를 받았다고 느낀다면, 또는 당신이 남에게 상처 주고 부당하게 대했다고 느낀다면, 내려놓기는 그리 간단하지 않습니다. 내려놓으려면 거기에 진심을 담아야 합니다. 그것은 머리를 쓰는 일이 아니라 진심을 써야 하는 일입니다.

용서의 일부는, 우리가 남에게 해를 입거나 해를 끼칠 때 그런 일이 무지의 상태, 무의식(의식하지 못하는) 상태에서 일어난다는 것을 아는 것입니다. 무의식 상태일 때는 의도하지 않는데도 해를 끼칠 수 있습니다. 때로는 해를 끼치려는 의도가 일어날 수 있지만, 그런 의도조차 무의식 상태에서 나옵니다. 해를 끼치는 행위의 근원이 무엇이든 간에, 용서는 그런 행위가 더이상 당신을 규정하지 못하게 하고, 고통으로 규정되는 것을 놓아버릴 준비가 되었음을 의미합니다. 당신에게는 그보다 훨씬 많은 것이 있기 때문입니다.

　당신의 삶에서 용서가 필요하다고 느끼는 부분이 있다면, 먼저 해로운 행동은 무의식에서 나온다는 점을 상기하십시오. 무의식 상태에 빠져 있지 않다면, 화창한 날에 잠에서 깨어 아주 좋은 심신 상태인 채로 밖에 나가서 끔찍한 일을 저지를 사람은 아무도 없습니다. 그런 사건은 그런 식으로 일어나지 않으며, 대개 고통과 갈등, 무의식으로 인해 일어납니다. 우리 모두 어느 정도 해로운 행동을 했고, 고통과 갈등, 무의식으로 인해 그렇게 했습니다. 그것은 인간성의 일부지만, 우리가 그것을 넘어 더 큰 존재로 진보하려면(깨어남으로 나아가는 '직접적인 길'을 따르려면) 용서를 해야 합니다. 더는 과거에 의해 규정되지 않겠다고 결심해야 합니다. 이는 과거를 잊거나 정당화하는 것이 아니라, 더는 과거에 얽매여 살지 않겠다고 결심하는 것입니다. 선택권은 당신에게 있습니다. 당신에게는 용서할 능력이 있습니다.

실습 29

● 오늘, 용서가 필요한 상황이나 만남이 있는지 내면에서 찾아보십시오. 용서하려면 용기가 필요하고, 용서하려면 정직이 필요하며, 용서하려면 이해가 필요하다는 것을 알아차리십시오. 자신과 남들에게 줄 수 있는 사랑의 행위, 사심 없는 행위로 자기를 해방하고 남들을 해방하기 위해 그렇게 하십시오. 당신에게는 그보다 훨씬 많은 것이 있음을 알기에 남은 인생을 원망과 분노 속에서 살고 싶지 않음을 상기하십시오.

● 용서는 가슴의 문제입니다. 내면에서 어떤 것이 올라오건 자신에게 말하십시오. "좋아, 기꺼이 그것을 놓아주겠어. 용서하겠어. 혼란에 감사하고 고통에 감사하며 계속 나아가겠어."라고 말하십시오. 그렇게 하면 가슴에 길이 열립니다. 당신은 더 큰 것, 더 실제인 것, 더 활기차게 하는 것, 더 아름다운 것, 더

진실한 것, 더 용기 있는 것이 자신을 통해 움직일 수 있도록 계속 나아갑니다. 그것이 용서입니다.

● 용서가 당신에게 무엇을 의미하는지 숙고해 보십시오. 용서하는 법을 들을 필요는 없습니다. 단지 "용서한다는 것은 내게 무슨 의미일까? 용서하려면 나에게 무엇이 필요할까? 놓아버리려면, 진정한 나 자신으로 존재하려면, 내면에서 어떤 단순한 몸짓을 해야 할까?"라는 물음을 지니고 살면 됩니다. 하루 동안 이 물음에 집중해 보십시오.

30
최대의 상상마저 뛰어넘는 존재의 경험

이제까지 '직접적인 길'을 탐구하고 따랐으니, 참된 영적 깨어남이 일어나면 쉼 없는 추구가 끝나고, 추구하는 사람이라는 정체성도 끝난다는 것을 깨달았기를 바랍니다. 그렇지만 끊임없이 이해를 심화하는 과정은 끝나지 않으며, 통찰을 계발하고 매일의 삶에 체화하는 과정은 끝나지 않습니다. 그런 면에서 깨달음이란 결승선이 있는 목표가 아니라, 알아차리면서 진심으로 존재하고 살아가는 방식입니다. 그것은 사랑과 자유의 길이자 활동이며, 삶의 전부를 책임지고 깊이 보살피는 것입니다. '직접적인 길'은 영적 깨어남의 문을 여는 수단이며, 깨어남은 다시 이런 가능성들의 문을 열지만 그것들을 보장하지는 않습니다.

깨어남은 인생을 바꾸는 사건이지만, 심오하고 힘든 여정의 시작이기도 합니다. 깨어남은 심약한 사람을 위한 것이 아니고 쉽게 낙심하는 사람을 위한 것도 아니며, 가늠할 수 없을 정도로 심오합니다. 깨어남을 잠깐 보는 것 이상을 얻으려면, 자기 안의 모든 용기와 겸손을 동원해야 할 것입니다. 그렇지 않다고 말한다면 진실을 말하지 않는 것이며, 만약 영성이 어떤 것에 관한 것이라면 그것은 바로 진실을 발견하고 말하는 것입니다.

영성이란 자신의 모든 환상에서 깨어나는 것이며, 꼭 붙들고 싶은 환상에서도 깨어나는 것입니다. 저항과 두려움을 다시 또다시, 상상 이상으로 많이 만나고 헤쳐 나가는 것입니다. 영성이란 영적으로 부풀려진 에고가 되지 않도록 경계하는 동시에, 이 삶에서 일어서서 자기의 참된 존재를 주장할 용기를 내는 것입니다. 영성이란 자신이 만나는 모든 사람과 모든 것, 모든 일에서 진정으로 신의 얼굴을 보고 경험하는 것입니다. 영성이란 삶 혹은 신 혹은 신성이 빈둥거리지 않으며, 늘(혹은 자주) 당신이 바라는 대로 열리지는 않는다는 분명한 사실을 깨닫고 이해하는 것입니다. 다행히 신에게 중요한 것은 우리가 깨어나는 것입니다. 신은 우리 모두가 이번 생에서 깨어나는 데 필요한 모든 것을 줍니다. 그렇다는 것을 알아차렸습니까? 우리는 눈과 가슴을 열지 않으려고 저항하는 정도만큼 고통을 받습니다.

모든 통찰과 모든 계시가 놀라울 것이라고 여기지는 마십시오. 모두가 그렇지는 않을 것이기 때문입니다. 사실, 대다수 통찰과 계시는 놀랍지 않겠지만, 상상을 초월하는 존재의 경험에 당신을 활짝 열어 줄 가능성을 지니고 있습니다. 많은 사람이 깨어난 삶으로 초대받지만, 무조건 그것을 선택하는 사람은 소수뿐입니다. 내 경험은 그랬습니다. 깨어난 삶은 사람들의 기대 이상이며, 여기에 있고, 실재하며, 누구에게나 가능합니다. 온 세계는 당신이, 우리 한 사람 한 사람이 모두가 공유하는 현실로 깨어나기를, 최대한 밝고 정직하고 겸손하게 현실을 살기를 기다리며 믿고 있습니다. 우리는 완벽하도록 부름받은 것이 아니라, 그저 깨어 있고 나뉘지 않은 온전한 전체로 존재하도록 부름받았습니다. 우리는 존재의 하나임을 증언하도록 부름받았습니다. 이것만으로도 존재하는 가장 강력한 힘 중 하나입니다. 그러므로 이 시대에 너무 흔한 분노, 원망, 비난으로부터 마음과 가슴과 자기를 지키십시오. 그리고 일어서서 최대한 자각하며 용기 있게 살아 내십시오.

내가 좋아하는 시인 윌리엄 스태포드는 '서로 읽어 주는 의식'에서 이렇게 말합니다.

깨어난 사람들이 깨어 있는 것이 중요하다.
흐름이 끊어지면 그들은 다시 잠들지 모르니

우리가 주는 신호(예 혹은 아니요, 혹은 아마도)는
명확해야 한다. 우리 주위의 어둠이 깊다.[1]

'직접적인 길'의 가르침이 당신에게 유익하기를 바랍니다. 그
것이 이 가르침을 따르는 목적입니다. 이 가르침을 지니고 있다
가 필요하다고 여겨질 때면 언제든 실습하기 바랍니다. 그때 필
요한 것은 이런 가르침 중 하나를 관통하여 새로운 존재의 차원으
로 깨어나는 것입니다. 깨어난 삶을 사는 것은 당신의 타고난 권
리임을 잊지 마십시오. 이것은 극소수의 사람만을 위한 것이 아닙
니다. 극소수만을 위한 것이라고 믿는 사람은 아마도 그 믿음대로
살게 되겠지만, 그것은 예외적인 일이 아니며 정말로 가능한 일이
라고 나는 말할 수 있습니다. 우리는 깨어날 수 있을 뿐만 아니라
그 깨어남을 놀라우리만큼 체화하며 살 수 있습니다. 우리 내면의
어떤 것, 어떤 깊은 원초적 본능이 진정으로 이것을 바랍니다. 그
것은 강력한 계시의 순간(그런 순간들이 놀랍고 필요하기는 하지
만) 이상을 갈망합니다. 우리의 통찰을 인간화하고, 현실로 만들
고, 여기 땅으로, 우리 삶으로, 인간 경험의 정수로 되돌리려는 본
능이 있습니다. 기억하세요, 그것은 완벽하게 하려는 것이 아닙니
다. 우리는 그것을 완벽하게 하려는 것이 아니지만, 우리 존재의

이 놀라운 진실을 상상해 보지 못한 방식으로 체화할 수 있습니다. 그것은 궁극의 여정입니다. 그것은 이미 우리 안에 있으며, 우리가 할 일은 그것에 자신을 열고 껴안는 것이 전부입니다.

고맙습니다. 이 가르침을 나누게 되어 참 좋았습니다. 내게는 멋진 여정이었습니다. 당신에게도 그러했기를 바랍니다. 축복받으시기를, 그리하여 축복하시기를 기원합니다.

감사의 말

디자인을 훌륭하게 해 준 제니퍼 마일스에게 크고 진심 어린 감사를 드립니다. 아이디어와 느낌을 인상적인 이미지와 디자인으로 바꾸어 내는 그녀의 재능은 내가 감사하며 감탄하는 창의적인 재능이자 솜씨입니다.

이 책의 책임 편집자인 앨리스 펙에게도 감사 인사를 드립니다. 그녀는 내 말을 분명하고 자연스럽게 읽히도록 다듬어 주는데, 그런 작업은 이런 책에 특히 중요합니다. 내게는 그녀가 훌륭한 편집자의 모범입니다.

미첼 클루트에게 진심으로 감사드립니다. 그는 Sounds True 출판사와 함께 하는 내 모든 작업에 통찰력 있는 제안과 격려, 열정, 명료함을 주었습니다. 그는 책의 주제를 더 분명히 표현하는 데 필요한 올바른 질문과 제안을 늘 잘 아는 것 같습니다.

출처

16장

1. 조셉 캠벨, 《블리스로 가는 길: 신화에게 길을 묻다》(아니마, 2020)

27장

1. franciscan—arhive.org/franciscana/peace.html

28장

1. 바가반 스리 라마나 마하리쉬, 《Origin of Spiritual Instruction》
(n.p.: Society of Abidance in Truth, 2006), 9.

30장

1. William Stafford, 인용 'A Ritual to Read to Each Other'에서 인용,
《The Way It Is: New and Selected Poems》에 수록 (Mineapolis, MN:
Graywolf Press, 1998).

저자에 대해

아디야샨티는 미국에서 태어난 영적 스승으로서 모든 존재의 깨어남을 위해 헌신하고 있다. 그의 가르침은 우리 모두에게 잠시 멈춘 뒤, 모든 존재의 핵심에 있는 진실한 것, 우리를 해방시키는 것이 무엇인지를 탐구하여 알아차리라고 초청하는 공개적인 초대장이다.

1996년, 아디야샨티는 14년 동안 배운 선(禪) 스승으로부터 가르침을 펴라는 요청을 받고, 어떤 종교나 이념에도 매이지 않는 가르침을 전하고 있다. "내가 가리키는 진리는 어떤 종교적 관점, 믿음 체계, 교리에도 국한되지 않으며, 모두에게 열려 있고 모든 것 안에서 발견됩니다."

지은 책으로는 《아디야샨티의 참된 명상》, 《완전한 깨달음》, 《아디야샨티의 가장 중요한 것》, 《깨어남에서 깨달음까지》, 《춤추는 공》 등이 있다.

홈페이지 adyashanti.org

옮긴이 이창엽

치과의사로 살며 번역을 하고 있다. 교회에서 배우기 시작했고 불교를 공부하며 더 자유로워졌으며, 불교와 그리스도교의 가르침을 현대적으로 재해석하는 작업에 관심을 두고 있다.
옮긴 책으로는 《붓다 없이 나는 그리스도인일 수 없었다》(공역) 《티베트 마음수련법 로종》 《당신의 아름다운 세계》 《아디야샨티의 가장 중요한 것》 《그리스도교 마음챙김》 《에티 힐레숨》 《노리치의 줄리안》 《요가의 힘》 등이 있다.

옮긴이 김윤

서울대학교 경영학과를 졸업했다. 지금은 자유롭고 평화로운 삶으로 안내하는 글들을 우리말로 옮기고 소개하는 일을 하고 있다. 그동안 번역한 책으로는 《네 가지 질문》 《기쁨의 천 가지 이름》 《가장 깊은 받아들임》 《아잔 차 스님의 오두막》 《지금 여기에 현존하라》 《마음은 도둑이다》 《지금 이 순간》 《영원으로 가는 길》 《오늘 하루가 선물입니다》 등이 있다.

직접적인 길

초판 1쇄 발행일 2022년 11월 28일
　　2쇄 발행일 2023년 11월 6일

지은이 아디야샨티
옮긴이 이창엽, 김윤

펴낸이 김윤
펴낸곳 침묵의 향기
출판등록 2000년 8월 30일, 제1-2836호
주소 10401 경기도 고양시 일산동구 무궁화로 8-28,
　　삼성메르헨하우스 913호
전화 031) 905-9425
팩스 031) 629-5429
전자우편 chimmukbooks@naver.com
블로그 http://blog.naver.com/chimmukbooks

ISBN 979-11-980553-1-6 03220

*책값은 뒤표지에 있습니다.